Michael Mader

Lateinische Wortkunde
für Alt- und Neusprachler

Michael Mader

Lateinische Wortkunde für Alt- und Neusprachler

Verlag W. Kohlhammer
Stuttgart Berlin Köln Mainz

CIP-Kurztitelaufnahme der Deutschen Bibliothek

Mader, Michael:
Lateinische Wortkunde für Alt- und Neusprachler/
Michael Mader. – Stuttgart, Berlin, Köln, Mainz:
Kohlhammer, 1979.
ISBN 3-17-005324-8

© 1979 Verlag W. Kohlhammer GmbH
Stuttgart Berlin Köln Mainz
Verlagsort: Stuttgart
Gesamtherstellung: W. Kohlhammer GmbH
Grafischer Großbetrieb Stuttgart
Printed in Germany

Inhalt

Vorwort

Die Wortkunde für Alt- und Neusprachler ist aus dem Bemühen erwachsen, die Beschäftigung mit dem lateinischen Wortschatz möglichst sinnvoll und effektiv zu gestalten. Deshalb wird nicht nur der für die Lektüre lateinischer Texte wichtige Wortschatz erfaßt, sondern auch die Fortwirkung im Französischen, Englischen, Italienischen und Spanischen in ihren wesentlichen Zügen dokumentiert. Die Auswahl basiert auf den Ergebnissen der neueren Frequenzforschung.

Die Wortkunde ist gedacht als Arbeitsmittel und Lernangebot für Lehrende wie für Lernende, und zwar unabhängig davon, ob Latein als erste oder als eine weitere Fremdsprache gelernt wird. Dabei soll die grundlegende Bedeutung des Lateinischen für die genannten Sprachen erfahrbar gemacht sowie der Transfer vom neusprachlichen Bereich zum Lateinischen ermöglicht werden. Maßgebend für die Beschränkung auf Französisch, Englisch, Italienisch und Spanisch war das Unterrichtsangebot an den Schulen der Bundesrepublik.

Wertvolle Hinweise und tatkräftige Hilfe verdanke ich meiner Frau. Cord Garben danke ich für die kritische Durchsicht des Manuskripts.

Remseck am Neckar, Juli 1979   Michael Mader

1. Umfang und Aufbau der Wortkunde

Zwei Kriterien waren bei der Auswahl des Wortmaterials ausschlagge-
bend: erstens die Lektürewichtigkeit im lateinischen Bereich; zwei-
tens die Fortwirkung der lateinischen Sprache im neusprachlichen
Bereich.

Die statistischen Erhebungen der Frequenzforschung haben zu dem
übereinstimmenden Ergebnis geführt, daß in den alten wie in den
neuen europäischen Sprachen schon 2000 Wörter bis zu 85% der Texte erfassen. Bei der Zusammenstellung des Basiswortschatzes in
dieser Wortkunde wurde ein Ausgleich zwischen den verschiedenen
neueren Frequenzermittlungen angestrebt.

Latein hat nicht nur für die romanischen Sprachen grundlegende Bedeutung; auch vom heutigen englischen Wortschatz ist etwas mehr als
die Hälfte lateinisch-romanischen Ursprungs. Englisch läßt sich somit als diejenige nichtromanische Sprache mit dem stärksten romanischen Einschlag bezeichnen. Außer der gängigen Schulsprache Französisch werden zwei weitere romanische Weltsprachen berücksichtigt:
Italienisch und Spanisch. Spanisch steht dem Lateinischen ferner
als Italienisch und näher als Portugiesisch, das hier unberücksichtigt bleibt.

Der Hauptteil der Wortkunde ist vertikal nach lateinischen Wortfamilien und horizontal nach den verschiedenen Sprachen gegliedert.
Anhand des so geordneten Materials wird es möglich, nicht nur lateinische Wortbildungslehre zu betreiben, sondern auch die Mecha-
nismen der häufigsten Lautverschiebungen kennenzulernen. Ein sol-
cher 'Kontext' der Sprachverwandtschaft kann für Schüler, Studie-
rende und Lehrer gleichermaßen instruktiv sein.

Für die Zusammensetzung des lateinischen Wortmaterials gelten im
einzelnen folgende Kriterien:

(1) Der Basiswortschatz wird von etwas mehr als 1950 besonders häufigen Wör-
    tern gebildet, und zwar unabhängig davon, ob eine Fortwirkung in den moder-
    nen Sprachen vorliegt oder nicht.
(2) Der weiterführende Wortschatz I, mit + gekennzeichnet, erfaßt die
    rund 550 lektürerelevanten Wörter, die im Französischen oder/und Engli-
    schen eine relativ wichtige Entsprechung haben.
(3) Der weiterführende Wortschatz II, mit ° gekennzeichnet, enthält wei-
    tere knapp 500 seltenere Wörter, die im französischen oder/und englischen
    Grundwortschatz fortwirken oder in beiden Sprachen eine relativ wichtige
    Entsprechung haben.
(4) Der Zusatzwortschatz, mit - gekennzeichnet und ohne Bedeutungsangabe,
    besteht lediglich aus 90 unwichtigen Wörtern, die eine Entsprechung im
    französischen bzw. englischen Grundwortschatz haben. Solche Wörter wurden
    allerdings nur dann berücksichtigt, wenn sie zu einer der vorhandenen Wort-
    familien gehören.
(5) Einige wenige Wörter des weiterführenden Wortschatzes sind aus anderen Grün-
    den aufgenommen:
    a) Sie sind als Leitwörter einer Wortfamilie unentbehrlich.
    b) Ihre Kenntnis ist notwendig, damit die Verwechslung mit einem in der
       Wortkunde enthaltenen Wort vermieden wird.
    c) Sie haben sowohl im italienischen als auch im spanischen Grundwortschatz
       eine Entsprechung.

Der altsprachliche und der neusprachliche Aspekt sind demnach in
der Weise integriert, daß einer geringeren Lektürewichtigkeit im
Lateinischen eine größere Relevanz im neusprachlichen Bereich entspricht.

2. Bemerkungen zur Sprachgeschichte

2.1. Zeitlicher Überblick über den Einfluß des Lateinischen auf die französische und englische Sprache

51 v.Chr. Gallien von Caesar
           ganz unterworfen   0

                                                        43 Britannien römische Provinz
                                              100

                                                        (1) Kein nachhaltiger Einfluß des
                                              200   Lateinischen, obwohl die römi-
                                                            sche Herrschaft bis 410 dauert
                                              300

Das Gallische wird allmählich ganz
verdrängt   400

Die römische Herrschaft bricht   (2) Seit 450 Herrschaft der
zusammen   500   Angelsachsen: Import bereits
                                                           übernommener lateinischer
(1) Erbwörter (mots populaires =   Wörter durch die Eroberer
     volkstümliche Wörter) aus dem   600
                                                        (3) Seit Beginn der Christianisie-
     Lateinischen bilden den Grund-   700   rung 597 Einfluß des Kirchen-
                                                           lateins auf das ALTENGLISCHE
     stock des sich entwickelnden

     ALTFRANZÖSISCHEN   800

813 erstmalige Bezeugung einer
     romanischen Volkssprache   900
     (rustica romana lingua)

                                             1000

(2) Zuwachs von Buchwörtern   1066 Normannische Eroberung
                                             1100
     (mots savants = gelehrte Wörter)   (4) MITTELENGLISCH:
                                                         a) Beimischung eines romanisch-
     bis ins Hochmittelalter   1200   lateinischen Wortschatzes aus
                                                           dem Französischen,
                                             1300   erst von den Normannen vermittelt,
                                                           dann durch den überragenden
                                                           Einfluß von Paris
                                             1400   b) Zugleich Zuwachs durch direkte
                                                           Entlehnungen aus dem Schrift-
                                             1500   latein
                                                        (5) Einfluß der Renaissance:
(3) Neue Wirkung des klassischen   Aus der germanisch-romanischen
     Lateins zu Beginn der Neuzeit: Mischsprache wird das überwie-
     Übernahme zahlreicher Fremd-   1600   gend lateinisch gefärbte
     wörter im NEUFRANZÖSISCHEN   NEUENGLISCH
                                             1700

Entwicklung der Technik und der   Entwicklung der Technik und der
Wissenschaften: 1800   Wissenschaften:
(4) (Griechisch-) lateinische   (6) (Griechisch-) lateinische
     Neuprägungen   1900   Neuprägungen

2.2. Übersicht über markante romanische Lautverschiebungen

Beispielreihen erscheinen immer in der gleichen Reihenfolge:

Latein   Französisch   Englisch   Italienisch   Spanisch

2.2.1. Vokale

(1) e kurz, betont, in offener Silbe:
pēs, pedis m   le pied   (foot)   il piede   el pie

(2) e lang, in offener Silbe:
habēre   avoir   (to have)   avere   haber

(3) o kurz, betont, in offener Silbe:
novus,-a,-um   neuf,-ve   (new)   nuovo,-a   nuevo,-a

(4) au:
aurum,-ī n   l'or m   l'oro m   el oro

(5) Unbetonte Vokale sind im Französischen häufig geschwunden.
   Betonte Vokale erfuhren Veränderungen; z.B. a in offener Silbe:
pāx, pācis f   la paix   (peace)   la pace   la paz
clāvis,-is f   la clef / clé   la chiave   la llave
māter,-tris f   la mère   (mother)   la madre   la madre
occupāre   occuper   (to occupy)   occupare   ocupar
cīvitās,-ātis f   la cité   (city)   la città   la ciudad

2.2.2. Konsonanten

(1) h ist überall verstummt.
   Im Spanischen geht ein anlautendes h nicht selten auf ein f zurück:
fīlius,-iī m   le fils   il figlio   el hijo
   Im Italienischen wird es nur in vier Fällen geschrieben: ho, hai, ha, hanno
   (ich habe, du hast, er hat, sie haben) - zur Unterscheidung von o (oder),
   ai (Präposition a mit Artikel im Plural), a (Präposition), anno (Jahr).

(2) pl, fl, cl im Anlaut:
plēnus,-a,-um   plein,-e   (full)   pieno,-a   lleno,-a
                                                              gespr. lj
flamma,-ae f   la flamme   (flame)   la fiamma   la llama
clāvis,-is f   la clef / clé   la chiave   la llave

(3) sc, sp, st im Anlaut:
schola,-ae f   l'école   (school)   la scuola   la escuela
spīritus,-ūs m   l'esprit   (spirit)   lo spîrito   el espíritu
status,-ūs m   l'état   (state)   lo stato   el estado

(4) ct:
nox, noctis f   la nuit   (night)   la notte   la noche
                  t stumm   gespr. tsch

(5) b, p zwischen Vokalen:
probāre   prouver   (to prove)   provare   probar
aperīre   ouvrir   aprîre   abrīr

(6) d, t zwischen Vokalen sind im Spanischen und Französischen häufig geschwunden:
fidēs,-eī f   la foi   (faith)   la fede   la fe

(7) l im In- oder Auslaut:
fīlia,-ae f   la fille   la figlia   la hija
                  gespr. j   gespr. lj   gespr. ch

2.3. Grundzüge der Sprachentwicklung

2.3.1. Deklination

Kasusformen nach dem Muster lateinischer Deklinationstypen gibt es
in den romanischen Sprachen nicht. Der Grund dafür liegt darin, daß
im gesprochenen Latein, dem sogenannten Volks- oder Vulgärlatein,
die Kasus zusehends von präpositionalen Ausdrücken verdrängt wurden; der Genitiv wurde mit dē (französisch de), der Dativ mit ad (französisch à) gebildet. Daher brauchte man außer dem Nominativ, dem sogenannten casus rectus, nur noch den Akkusativ, den sogenannten casus obliquus. Dieser setzte sich dann als der häufigere allein durch
und liegt den neusprachlichen Wörtern zugrunde. Der Endkonsonant -m
war zu d e r Zeit im Vulgärlatein bereits verstummt und fehlt deshalb auch in den Tochtersprachen. Die Unterschiedlichkeit des Laut-
und Schriftbilds im Vergleich zum Lateinischen ist darin begründet,
daß der Wortakzent zunehmend auf die erste Silbe verlagert wurde;
als Folge davon veränderten sich die weniger betonten Silben oder
verschwanden sogar ganz.

Folgerichtig verwischen sich die Grenzen zwischen den Deklinationsklassen; die u-Deklination zum Beispiel ging in der o-Deklination
auf, die e-Deklination in der a- bzw. der gemischten Deklination.
Erhalten haben sich allerdings, mit Ausnahme des Neutrum, weitge-
hend die den Deklinationsklassen entsprechenden Genera.

numerus,-ī m	le nombre	number	il nùmero	el nùmero
bēstia,-ae f	la bête	beast	la bestia	la bestia
portus,-ūs m	le port	port	il porto	el puerto
fidēs,-eī f	la foi	faith	la fede	la fe

Auch bei Ursprungswörtern der gemischten Deklination ist in den romanischen Sprachen das Geschlecht, was Maskulinum und Femininum be-
trifft, in der Regel gleichgeblieben.

honor,-ōris m	l'honneur m	honour	l'onore m	el honor
pars,partis f	la part	part	la parte	la parte

Neutra wurden in den romanischen Sprachen meist Maskulina. Nicht
selten wurde jedoch ein Neutrum Plural als Femininum Singular auf-
gefaßt.

membrum,-ī n	le membre	member	il membro	el miembro
animal,-ālis n	l'animal m	animal	l'animale m	el animal m
arma,-ōrum n	l'arme *f.Sg.*	arms (Pl.)	l'arma *f.Sg.*	el arma *f.Sg.*

Da es in den romanischen Sprachen kein Neutrum mehr gibt, sind die
Adjektive nur zwei- oder einendig, während die lateinischen drei-,
zwei- oder einendig sein können.

clārus,-a,-um	clair,-e	clear	chiaro,-a	claro,-a
īnferior,-ius	inférieur,-e	inferior	inferiore	inferior
simplex	simple	simple	sémplice	simple

Zur Bezeichnung des Geschlechts dient in den romanischen Sprachen
der Artikel, der aus dem Demonstrativpronomen ille/illa entstanden ist.

	m (Singular/Plural)	f (Singular/Plural)
F	le/les; *vor Vokal und stummem* h l'/les	la/les; *vor Vokal und stummem* h l'/les
I	il/i; *vor Vokal* l'/gli; *vor* s + Konsonant *oder vor* z lo/gli	la/le; *vor Vokal* l'/le
S	el/los	la/las; *vor Substantiven, die mit betontem a oder ha beginnen,* el/las

2.3.2. Konjugation

An vielen Beispielen der Tochtersprachen läßt sich die Fortwirkung
der lateinischen Konjugationsklassen beobachten.

occupāre	occuper	to occupy	occupare	ocupar
habēre	avoir	to have	avere	haber
servīre	servir	to serve	servire	servir
dēfendere	défendre	to defend	difèndere	defender
admittere	admettre	to admit	amméttere	admitir

Die Uneinheitlichkeit der beiden letzten spanischen Verben erklärt
sich daraus, daß das Spanische nur drei Konjugationsklassen, nicht
wie das Italienische vier, kennt und somit Verben der ehemals kon-
sonantischen oder gemischten Konjugation auf die 2.(-er) und 3.(-ir)
verteilt werden. Auch sonst ergaben sich bei der Übernahme lateinischer Wörter aus verschiedenen Gründen Verschiebungen innerhalb der
Konjugationsklassen sowie unterschiedliche Entwicklungen in den einzelnen Sprachen.

flōrēre	fleurir	to flourish	fiorire	florecer
praeferre	préférer	to prefer	preferire	preferir
recipere	recevoir	to receive	ricévere	recibir

Die lateinischen Deponentien haben sich zu aktiven Verben entwickelt.

admīrārī	admirer	to admire	ammirare	admirar

Das gesprochene Latein bevorzugte Wörter mit größerer Klangfülle;
aus diesem Grunde haben öfters klangvollere Weiterbildungen anstelle
von geläufigen Schriftwörtern fortgewirkt.

colere:

cultivāre	cultiver	to cultivate	coltivare	cultivar

Im gesprochenen Latein setzten sich die mit dem (Hilfs-)Verb habēre
gebildeten Konjugationsformen immer mehr durch; statt amāvī sagte
man habeō amātum, statt amābō hieß es amāre habeō. So erklären sich
die neusprachlichen Formen

j'ai aimé ...	ho amato ...	he amado ...
j'aimerai ...	amerò ...	amaré ...

Im Englischen gibt es zwei auffällige Besonderheiten. Zum einen gehen etliche englische Verben - im Unterschied zu ihren neusprachlichen Entsprechungen - auf ein lateinisches Partizip Perfekt zurück;
zum anderen ist die englische Verbalendung -ish ursprünglich in Anlehnung an eine französische Pluralform (z.B. 3.Person ils finissent)
zustande gekommen.

aestimāre	estimer	to estimate	stimare	estimar
fīnīre	finir	to finish	finire	finalizar

2.3.3. Besonderheiten der Sprachverwandtschaft

Dubletten nennt man Doppelformen, die auf ein lateinisches Wort zu-
rückgehen, welches als Erb- und als Lehnwort, jeweils zu verschiedenen Zeitpunkten, in eine Tochtersprache Eingang gefunden hat.

causa,-ae f	1. la chose	1. -	1. la cosa	1. la cosa
	Ding, Sache			
	2. la cause	2. cause	2. la causa	2. la causa
	Grund, Ursache			

Um eine indogermanische (indoeuropäische) Urverwandtschaft handelt
es sich bei etlichen englischen und deutschen Wörtern, die mit einem
lateinischen Wort und seinen romanischen Entsprechungen zwar sprach-
verwandt sind, sich aber von keinem jener Verwandten direkt herleiten.

pater,-tris m	le père	father (Vater)	il padre	el padre

3. Grundzüge der Wortbildung

3.1. Ableitung

Mit Hilfe bestimmter Endungen, sogenannter Suffixe, die an einen
Wortstamm (Nominalstamm oder Verbalstamm) angefügt werden, hat die
Sprache die Möglichkeit, Wortarten und innerhalb der Wortarten Be-
deutungsklassen zu bilden. Von den auf S. XIII genannten Verben sind
z.B. servīre, flōrēre und fīnīre von servus, flōs und fīnis abge-
leitet. Im Blick auf diejenigen neueren Sprachen, deren Wortschatz
sich (teilweise) vom Lateinischen herleitet, ist allerdings nicht
so sehr die Ableitung von Verben relevant als vielmehr die von Nomina, also die Bildung von Substantiven und Adjektiven; die meisten
der für Nomina-Ableitungen verwendeten lateinischen Suffixe sind
nämlich in den nachfolgenden Sprachen gleichbedeutend und stehen
zum Teil sogar für neue Wortbildungen zur Verfügung. Die folgenden
Beispiele zeigen die häufigsten Erscheinungen.

3.1.1. Substantive

Zu einem Nomen -ulus,a,um / -ellus,a,um: Verkleinerung.

circulus,-ī m	le cercle	circle	il circolo	el círculo
castellum,-ī n	le château	castle	il castello	el castillo

Zu einem Nomen -ia / -itia / -tās / -tūs / -tūdō: Zustand; Verhalten;
Eigenschaft.

miseria,-ae f	la misère	misery	la miseria	la miseria
iūstitia,-ae f	la justice	justice	la giustizia	la justicia
lībertās,-ātis f	la liberté	liberty	la libertà	la libertad
virtūs,-ūtis f	la vertu	virtue	la virtù	la virtud
altitūdō,-inis f	l'altitude	altitude	l'altitùdine	la altitud

Zu einem Verb -ium / -iō / -or: Vorgang, Handlung, Ergebnis.

cōnsilium,-iī n	le conseil	counsel	il consiglio	el consejo
opīniō,-ōnis f	l'opinion	opinion	l'opinione	la opinión
error,-ōris m	l'erreur f	error	l'errore m	el error

Zu einem Partizip Perfekt -or: handelnde Person.

auctor,-ōris m	l'auteur	author	l'autore	el autor

Zu einem Partizip Perfekt -iō / -us / -ūra: Handlung, Ergebnis.

quaestiō,-ōnis f	la question	question	la questione	la cuestión
cāsus,-ūs m	le cas	case	il caso	el caso
cultūra,-ae f	la culture	culture	la cultura	la cultura

Zu einem Verb -mentum: Mittel, Ergebnis.

argūmentum,-ī n	l'argument m	argument	l'argomento m	el argumento

3.1.2. Adjektive

Zu einem Nomen -ārius / -icus / -ālis / -āris / -ēlis / -īlis / -ānus /
-īnus: Zugehörigkeit, Art.

voluntārius, -a,-um	volontaire	voluntary	volontario,-a	voluntario,-a
pūblicus,-a,-um	public,-que	public	pùbblico,-a	público,-a
aequālis,-e	égal,-e	equal	eguale	igual
populāris,-e	populaire	popular	popolare	popular
crūdēlis,-e	cruel,-le	cruel	crudele	cruel
cīvīlis,-e	civil,-e	civil	civile	civil
hūmānus,-a,-um	humain,-e	human	umano,-a	humano,-a
dīvīnus,-a,-um	divin,-e	divine	divino,-a	divino,-a

Zu einem Nomen -tus: Ausstattung.

| iūstus,-a,-um | juste | just | giusto,-a | justo,-a |

Zu einem Nomen -ōsus: Fülle.

| pretiōsus,-a,-um | précieux,-euse | precious | prezioso,-a | precioso,-a |

Zu einem Verb -idus: Zustand.

| liquidus,-a,-um | liquide | liquid | líquido,-a | líquido,-a |

Zu einem Verb -ilis / -bilis: Möglichkeit, Fähigkeit.

| difficilis,-e | difficile | difficult | diffícile | difícil |
| horribilis,-e | horrible | horrible | orríbile | horrible |

Häufig werden Partizipien adjektivisch verwendet; auch manche Substantive gehen auf Partizipien zurück.

praesēns,-ntis	présent,-e	present	presente	presente
perfectus,-a,-um	parfait,-e	perfect	perfetto,-a	perfecto,-a
sēcrētum,-ī n	le secret	secret	il segreto	el secreto

3.2. Zusammensetzung

3.2.1. Zusammenrückung

Bei dieser einfachsten Form der Zusammensetzung verändern sich die Bestandteile nicht.

rēs-pūblica	la république	republic	la repùbblica	la república
agrī-cultūra	l'agriculture	agriculture	l'agricoltura	la agricultura
satis-facere	satisfaire	to satisfy	sod(d)isfare	satisfacer

3.2.2. Eigentliche Zusammensetzung

Eine Zusammensetzung entsteht dadurch, daß zwei selbständige Stämme eine enge Verbindung eingehen, in der sie zumindest teilweise ihre Form verändern. Ist es bei einer Ableitung das Suffix, das den Bedeutungswert ausmacht, so ist es in der Zusammensetzung das Präfix, das den zweiten Bestandteil determiniert. Als Vorderglieder treten häufig Präpositionen, Negationen sowie Nomina auf.

obscūrus,-a,-um	obscur,-e	obscure	oscuro,-a	oscuro,-a
īnfīnītus,-a,-um	infini,-e	infinite	infinito,-a	infinito,-a
iūdex,-icis m	le juge	judge	il giùdice	el juez

Den weitaus größten Teil in der Gruppe der zusammengesetzten Wörter bilden allerdings die verba composita, die aus einer Präposition oder einem anderen Präfix und einem Grundwort zusammengesetzt sind. Hier kann wieder der Transfer, die Übertragung lateinischer Kenntnisse, besonders wirksam werden; denn wie bei den Ableitungen von Nomina die Suffixe in den neueren Sprachen fortwirken, so haben bei den zusammengesetzten Verben die lateinischen Präfixe ihre Bedeutung nicht nur in den romanischen Sprachen, sondern auch im Englischen bewahrt und werden bzw. wurden zu Wortneubildungen verwendet.

Die wichtigsten Präfixe und ihre Grundbedeutung:

ab-	ab, weg	per-	durch
ad-	(her)an, hin(zu)	prae-	vor(an)
ante-	vor(an)	praeter-	vorbei
circum-	(her)um	pro-	vor
com-	zusammen	sub-	(dar)unter
dē-	(her)ab	trāns-	hinüber
ex-	(her)aus	amb-	(her)um
in-	(hin)ein	dis-	auseinander
inter-	dazwischen	sē-	weg, ab
ob-	entgegen	re-	zurück

4. Betonung und Akzente in den neueren Sprachen

Im Französischen sind alle Wörter endbetont. Die seit der Renaissance
gebräuchlichen Akzente zeigen somit keine Betonung an. Accent aigu
bzw. grave unterscheiden in vielen Fällen geschlossenes é und offe-
nes è. Der accent grave dient außerdem zur Unterscheidung einiger
Verwechslungswörter. Der accent circonflexe zeigt insbesondere den
Ausfall eines s oder die Kontraktion zweier Vokale an (außerdem,
freilich nicht einheitlich, die Länge eines Vokals).

Im Italienischen erhalten alle Wörter, die auf der letzten Silbe
betont werden, einen Akzent. Darüber hinaus kann man, um eine größere Genauigkeit der Aussprache zu ermöglichen, noch in anderen
Fällen Akzente setzen. Die meisten italienischen Wörter werden auf
der zweitletzten Silbe betont. Eine Akzentuierung erfolgt also immer dann, wenn die Betonung auf die drittletzte Silbe fällt (à, ì, ù).
Bei e und o muß in diesen Fällen unterschieden werden zwischen of-
fenem (è, ò) und geschlossenem (é, ó) Vokal. Auch Wörter auf -ia sind
mit einem Akzent versehen, wenn die Betonung auf dem i liegt (ìa).

Im Spanischen werden in der Regel Wörter, die mit einem Vokal oder
n oder s enden, auf der vorletzten Silbe und Wörter, die mit einem
sonstigen Konsonanten enden, auf der letzten Silbe betont. Alle
Ausnahmen von dieser Grundregel erhalten den Akzent.

5. Hinweise zur Benutzung der Wortkunde

Wie am Anfang der Einleitung ausgeführt, entspricht der Gliederung
des hier erfaßten lateinischen Wortschatzes die graphische Diffe-
renzierung:
    Basiswortschatz (ohne Zeichen);
+ weiterführender Wortschatz I: lektürerelevante Wörter;
° weiterführender Wortschatz II: seltenere Wörter;
- Zusatzwortschatz: unwichtige Wörter.

Auf der neusprachlichen Seite sind, damit das Wesentliche heraus-
tritt, seltene Wörter unberücksichtigt geblieben. Hier gibt es nur
ein Zeichen für besonders häufige Wörter:
x Grundwortschatz (in Anlehnung an die bei Klett erschienenen
    Wortkunden).

Den lateinischen Wörtern, die im neusprachlichen Bereich eine nen-
nenswerte Entsprechung haben, stehen auf der rechten Seite in der
Regel Wörter gegenüber, die eine vergleichbare Bedeutung haben. Dabei gilt es allerdings stets zu beachten, daß wörtliche Entsprechungen in den verschiedenen Sprachen dennoch einen unterschiedli-
chen Stellenwert haben, daß es sich also, was die Bedeutung angeht,
bestenfalls um nahe Verwandte, nie aber um Gleichungen handelt.
Indirekte Entsprechungen (Ableitungen und Weiterbildungen) sind nur
in wichtigen Fällen genannt.
Kursivdruck verweist auf eine erhebliche Bedeutungsabweichung.
Wo im neusprachlichen Bereich eine Bedeutungsangabe fällig ist, kann
sie unterbleiben, wenn es im Deutschen ein entsprechendes gängiges
Fremdwort gibt.
Notwendige Bedeutungsangaben sind bei Übereinstimmung innerhalb der
neusprachlichen Reihe nur beim ersten Wort gemacht.
Das Geschlecht eines neusprachlichen Wortes ist nur bei Genuswech-
sel oder bei Uneinheitlichkeit innerhalb der Reihe angegeben.

von, von … her, von … an	ab/abs/ā m.Abl.	1
beseitigen, abschaffen	° abolēre,-ēvī,-itum	2
scharf; heftig	ācer,-cris,-cre	3
herb, bitter	acerbus,-a,-um	
sauer	° acidus,-a,-um	
Schärfe; Schlachtordnung, Schlacht	aciēs,-ēī f	
Nadel	° acus,-ūs f	
scharf, scharfsinnig	acūtus,-a,-um	
bei; zu, bis	ad m.Akk.	4
und	atque/ac	
Tempel	aedēs,-is f	5
Haus	aedēs,-ium f	
Ädil	aedīlis,-is m	
Gebäude	aedificium,-iī n	
bauen, errichten	aedificāre	
krank; kummervoll	aeger,-gra,-grum	6
mit Mühe; widerwillig	aegrē Adv.	
eben; gleich, gerecht	aequus,-a,-um	7
gleich, gleichaltrig, gleichzeitig	aequālis,-e	
Gleichheit	° aequālitās,-ātis f	
gleichmachen; erreichen	aequāre	
Meeresfläche, Meer	aequor,-oris n	
uneben; ungleich, ungerecht	inīquus,-a,-um	
Luft	āēr, āeris m	8
luftig, Luft-	° āerius,-a,-um	
Erz, Kupfer; Geld	aes, aeris n	9
schätzen, beurteilen	aestimāre	
schätzen, meinen	exīstimāre	
Sommer	aestās,-ātis f	10
Hitze; Brandung	aestus,-ūs m	
Luft; Himmel	aethēr,-eris m	11
Ewigkeit; Zeitalter, Menschenalter	aevum,-ī n	12
Lebensalter, Leben; Zeitalter	aetās,-ātis f	
ewig	aeternus,-a,-um	
Ewigkeit	° aeternitās,-ātis f	
Acker, Feld	ager,-grī m	13
Gebiet	agrī,-ōrum m	
ländlich, wild	agrestis,-e	

F	E	I	S
abolir	to abolish	abolire	abolir
aigre sauer	x *eager eifrig*	*agro,-a sauer*	*agrio,-a sauer*
		acerbo,-a	acerbo,-a
acide	acid	àcido,-a	ácido,-a
x l'aiguille f		l'ago m	x la aguja
aigu,aiguë	acute	x acuto,-a	x agudo,-a
x à	x at	x a	x a
		edile Bau-	
l'édifice m	edifice	l'edificio m	x el edificio
			edificar
x égal,-e	x equal	x eguale	x igual
l'égalité	x equality	l'eguaglianza	la igualdad
x l'air m	x air	x l'aria f	x el aire
aérien,-ne	airy	x aèreo,-a	aéreo,-a
	ore		
x estimer	x to estimate	x stimare	x estimar
	to esteem achten		
x l'été m		x l'estate f	el estío
l'éther	ether	l'ètere	el éter
x l'âge m	x age	x l'età f	x la edad
x éternel,-le	eternal	x eterno,-a	x eterno,-a
l'éternité	eternity	l'eternità	la eternidad

ausländisch, fremd	+	peregrīnus,-a,-um
Bauer		agricola,-ae m
Ackerbau, Landwirtschaft	+	agrīcultūra,-ae f
treiben; betreiben, handeln, verhandeln		<u>agere</u>, ēgī, āctum 14
also, folglich		igitur
Treiber; Darsteller	°	āctor,-ōris m
Handlung, Verhandlung	+	āctiō,-ōnis f
Bewegung, Handlung	°	āctus,-ūs m
	–	āctuālis,-e
tätig	°	āctīvus,-a,-um
Zug, Heereszug		agmen,-inis n
beweglich, behend	°	agilis,-e
zusammenbringen; zwingen		cōgere, coēgi, coāctum
heraustreiben; fordern; vollenden		exigere,-ēgī,-āctum
genau	°	exāctus,-a,-um
Schwarm; Prüfung	+	exāmen,-inis n
prüfen	°	exāmināre
knapp, gering		exiguus,-a,-um
durchführen, vollenden		peragere
zurücktreiben; in einen Zustand versetzen	+	redigere
unterwerfen		subigere
heftig bewegen, eifrig betreiben		agitāre
denken; beabsichtigen		cōgitāre
Lamm	+	<u>agnus</u>,-ī m 15
sagen, bejahen		<u>aiō</u>, ais, ait, aiunt 16
Vorzeichen; Ungeheuer		prōdigium,-iī n
Flügel; Reiterabteilung		<u>āla</u>,-ae f 17
nähren, ernähren		<u>alere</u>,-uī,-tum 18
hoch, tief		altus.,-a,-um
Höhe, Tiefe		altitūdō,-inis f
Altar	°	altāria,-ium n Pl.
Nahrung	+	alimentum,-ī n
Jugendlicher		adulēscēns,-ntis m
Jugend		adulēscentia,-ae f
erwachsen, erstarkt	+	adultus,-a,-um

F	E	I	S
le pèlerin Pilger	*pilgrim*	*il pellegrino*	*el peregrino*
agricole land- *wirtschaftlich*			
l'agriculture	agriculture	l'agricoltura	x la agricultura
x agir	to act	x agire	
x *l'agent m*	*agent*	x *l'agente m*	*el agente*
l' acteur	actor	l'attore	el actor
x l'action	x action	x l'azione	x la acción
x l'acte	x act	x l'atto	x el acto
actuel,-le gegenwärtig	x actual tatsächlich	attuale gegenwärtig	x actual gegenwärtig
actif,-ve	x active	attivo,-a	activo,-a
agile	agile	àgile	ágil
x exiger	to exact	esìgere	x exigir
exact,-e	x exact	x esatto,-a	x exacto,-a
x l'examen m	x examination	x l'esame m	x el examen
x examiner	x to examine	x esaminare	x examinar
rédiger abfassen		*redìgere*	*redactar*
x agiter	to agitate	x agitare	x agitar
			x *cuidar versorgen*
l'agneau		l'agnello	
le prodige	prodigy	il prodigio	el prodigio
x l'aile		x l'ala	x el ala f
			x alimentar
x haut,-e	x *old alt*	x alto,-a	x alto,-a
l'altitude	altitude	l'altitùdine	la altitud
x la hauteur		l'altezza f	la altura
l'autel m	altar	l'altare m	el altar
l'aliment m		l'alimento m	el alimento
l'adolescent		l'adolescente	el adolescente
l'adolescence		l'adolescenza	la adolescencia
adulte	adult	adulto,-a	x adulto,-a

Sproß, Nachwuchs	prōlēs,-is f	
irgendeiner, irgendetwas	aliquis,-quid	19
irgendein	aliquī,-qua,-quod	
ziemlich groß	aliquantus,-a,-um	
einige	aliquot indekl.	
irgendwann; manchmal	aliquandō	
ein anderer	alius,-a,-ud	20
anders, sonst	aliter Adv.	
fremd; abgeneigt; unpassend	aliēnus,-a,-um	
der eine, der andere (von zweien)	alter,-era,-erum	
lieben	amāre	21
liebenswert, liebenswürdig	° amābilis,-e	
Liebe	amor,-ōris m	
befreundet; Freund, Freundin	amīcus,-a,-um	
Freundschaft	amīcitia,-ae f	
feindlich; Feind	inimīcus,-a,-um	
Feindschaft	+ inimīcitiae,-ārum f	
bitter	° amārus,-a,-um	22
beide	ambō,-ae,-ō	23
umhergehen	+ ambulāre	24
Tante	° amita,-ae f	25
Strom, Fluß	amnis,-is m	26
weit, geräumig; bedeutend	amplus,-a,-um	27
oder; etwa; ob (nicht)	an	28
Anker	+ ancora,-ae f	29
eng	angustus,-a,-um	30
Enge; Engpaß, Schwierigkeit	+ angustiae,-ārum f	
ängstlich	anxius,-a,-um	
Ängstlichkeit	° anxietās,-ātis f	
Ecke, Winkel	+ angulus,-ī m	
Geist, Sinn; Mut	animus,-ī m	31
Atem, Seele, Leben	anima,-ae f	
Lebewesen, Tier	animal,-ālis n	
beseelen, beleben; ermutigen	° animāre	
wahrnehmen; einschreiten	animadvertere	
Jahr	annus,-ī m	32
jährlich, einjährig	+ annuus,-a,-um	

	x else sonst,anders		

	alien		x ajeno,-a
x autre		x altro,-a	x otro,-a
x aimer		x amare	x amar
x aimable	amiable	x amàbile	x amable
x l'amour		x l'amore	x el amor
x l'ami m		x l'amico m	x el amigo
x l'amie f		x l'amica f	x la amiga
x l'amitié		x l'amicizia	x la amistad
x (l')ennemi,-e	x enemy	x (il/la)nemico,-a	x (el/la)enemigo,-a
l'inimitié	enmity	l'inimicizia	la enemistad
x amer,-ère		x amaro,-a	x amargo,-a
		ambedue	x ambos,-as
x aller		x andare	x andar
la tante	x aunt		
ample	ample	ampio,-a	x ancho,-a
l'ancre	anchor	l'àncora	el ancla f
x l'angoisse Angst, Beklemmung	anguish	l'angustia	x la angustia
anxieux,-euse	x anxious		
l'anxiété	x anxiety	l'ansietà	la ansiedad
l'angle	angle	x l'àngolo	x el ángulo
		l'ànimo Gemüt	x el ánimo Mut
x l'âme		x l'ànima	x el alma f
x l'animal m	x animal	x l'animale m	x el animal
animer	to animate	animare	animar
x l'an m/année f		x l'anno m	x el año
annuel,-le	annual	annuale	anual

Jahrbücher	+ annālēs,-ium m (librī)	
alljährlich; feierlich; üblich	+ sollemnis,-e	
vorn, vorher; vor	ante Adv./Präp.m.Akk.	33
vorher	anteā Adv.	
ehe, bevor	antequam	
alt, altertümlich	antīquus,-a,-um	
alte Zeit, alte Art	+ antīquitās,-ātis f	
Ring	+ ānulus,-ī m	34
öffnen, aufdecken	aperīre,-uī,-tum	35
offen; offenkundig	apertus,-a,-um	
bedecken, zudecken	+ (co)operīre	
	- discooperīre	
passend, geeignet	aptus,-a,-um	36
erreichen, erringen	adipīscī, adeptus sum	
bei	apud m.Akk.	
Wasser	aqua,-ae f	37
Adler	+ aquila,-ae f	38
Altar	āra,-ae f	39
pflügen	arāre	40
Augenzeuge; Schiedsrichter	+ arbiter,-trī m	41
Entscheidung, Ermessen	arbitrium,-iī n	
meinen	arbitrārī	
Baum	arbor,-oris f	42
festhalten; abhalten, abwehren	arcēre,-uī	43
Burg; Berggipfel	arx, arcis f	
zusammenhalten, zügeln	coercēre	
umhertreiben; üben, ausüben	exercēre,-uī,-itum	
Heer	exercitus,-ūs m	
Übung	° exercitium,-iī n	
herbeirufen, holen	arcessere,-īvī,-ītum	44
Baumeister	° architectus,-ī m	45
Architektur	° architectūra,-ae f	
Bogen	+ arcus,-ūs m	46
brennen, glühen	ārdēre, ārsī	47
Glut; Leidenschaft	+ ārdor,-ōris m	
steil, schwierig	arduus,-a,-um	48
freier Platz, Fläche	+ area,-ae f	49

F	E	I	S
les annales f	annals	gli annali m	los anales
solennel,-le	x solemn	solenne	solemne
x avant *zeitlich*			x antes
x devant *örtlich*		x davanti	x (del)ante
x *ancien,-ne alt*	x *ancient*		
antique	antique	antico,-a	x antiguo,-a
l'antiquité	antiquity	l'antichità	la antigüedad
l'anneau		l'anello	x el anillo
x ouvrir		x aprire	x abrir
x ouvert,-e		x aperto,-a	x abierto,-a
x couvrir	x to cover	x coprire	x cubrir
x découvrir	x to discover	scoprire	x descubrir
	apt	atto,-a	apto,-a
x l'eau		x l'acqua	x el agua f
l'aigle m	eagle	l'àquila f	el águila f
		arare	arar
l'arbitre		l'àrbitro	el árbitro
l'arbitrage m		l'arbitraggio m	el arbitraje
x l'arbre m		x l'àlbero m	x el árbol m
x exercer	x to exercise	x esercitare	x ejercer
		l'esèrcito	x el ejército
l'exercice m	x exercise	x l'esercizio m	x el ejercicio
l'architecte	architect	l'architetto	el arquitecto
l'architecture	architecture	l'architettura	la arquitectura
l'arc	arch	l'arco	x el arco
ardent,-e *brennend*	*ardent*	*ardente*	*ardiente*
l'ardeur f	ardour	l'ardore m	el ardor
	area	l'àrea	el área f

Silber; Geld	argentum,-ī n	50
beschuldigen	arguere,-uī,-ūtum	51
Beweis; Inhalt, Stoff	argūmentum,-ī n	
Gerät, Waffen	arma,-ōrum n	52
ausrüsten, bewaffnen	armāre	
Schrank	° armārium,-iī n	
Fertigkeit, Kunst	ars, artis f	53
ungeschickt; träge	iners,-tis	
Kunstwerk	artificium,-iī n	
Gelenk; Redeteil; Abschnitt	° articulus,-ī m	54
Esel	° asinus,-ī m	55
rauh; barsch	asper,-era,-erum	56
Gestirn	astrum,-ī n	57
aber	at	58
und doch, aber doch	atquī(n)	
schwarz, dunkel; unheilvoll	āter,-tra,-trum	59
wild; gräßlich	atrōx,-ōcis	
Wettkämpfer, Athlet	° athlēta,-ae m	60
hören	audīre	61
gehorchen	oboedīre	
vermehren; fördern	augēre, auxī, auctum	62
Urheber; Verfasser	auctor,-ōris m	
Ansehen, Einfluß	auctōritās,-ātis f	
Hilfe	auxilium,-iī n	
Hilfsmittel, Hilfstruppen	auxilia,-ōrum n	
Zeichendeuter, Augur	augur,-uris m	63
Luft, Hauch	aura,-ae f	64
Ohr	auris,-is f	65
zuhören, hören auf	° auscultāre	
Gold	aurum,-ī n	66
golden	aureus,-a,-um	
oder	aut	67
entweder ... oder	aut ... aut	
aber	autem	
Herbst	autumnus,-ī m	68
gierig, süchtig	avidus,-a,-um	69
wagen	audēre, ausus sum	
verwegen, kühn	audāx,-ācis	

F	E	I	S
x l'argent m		x l'argento m	
	x *to argue erörtern*		
l'argument	argument	l'argomento	el argumento
x l'arme f Sg.	x arms Pl.	x l'arma f Sg.	x el arma f Sg.
x *l'armée f*	x *army*		
x armer	to arm	x armare	armar
x l'armoire f		x l'armadio m	x el armario
x l'art m	x art	x l'arte f	x el arte m (Pl. f)
x *l'article m*	x *article*	x *l'articolo m*	x *el artículo*
x l'âne	ass	x l'àsino	el asno
		aspro,-a	x áspero,-a
l'astre m		l'astro m	el astro
atroce		atroce	atroz
l'athlète	athlete	l'atleta	el atleta
		udire	x oír
x obéir	x to obey	x obbedire	x obedecer
x augmenter	to augment	x aumentare	x aumentar
x l'auteur	author	x l'autore	x el autor
x l'autorité	authority	x l'autorità	la autoridad
		l'ausilio m	el auxilio
x *l'orage m Gewitter*			
x l'oreille f	x ear	l'orecchio m	x la oreja
x écouter		x ascoltare	x escuchar
x l'or m		x l'oro m	x el oro
x ou		x o	x o (u vor o/ho)
x ou ... ou		x o ... o	x o ... o
x l'automne	x autumn	x l'autunno	x el otoño
avide		àvido,-a	ávido,-a
x oser		osare	osar
audacieux,-euse		audace	audaz

Kühnheit, Frechheit	audācia,-ae f	
habgierig, geizig	avārus,-a,-um	
Habgier, Geiz	avāritia,-ae f	
Vogel	avis,-is f	70
Vogelschau	auspicium,-iī n	
Großvater	avus,-ī m	71
Onkel (mütterlicherseits)	+ avunculus,-ī m	
Achse	° axis,-is m	72
Bad	+ balneum,-ī n	73
Bart	+ barba,-ae f	74
ausländisch; ungebildet, roh	barbarus,-a,-um	75
reich, glücklich	beātus,-a,-um	76
Krieg	bellum,-ī n	77
kriegerisch	+ bellicōsus,-a,-um	
aufständisch	° rebellis,-e	
Aufstand, Empörung	+ rebelliō,-ōnis f	
sich empören	° rebellāre	
(wildes) Tier	bēstia,-ae f	78
trinken	bibere, bibī	79
Bibliothek	° bibliothēca,-ae f	80
gut	bonus,-a,-um (melior,optimus)	81
gut	bene Adv. (melius,optimē)	
gütig; freigebig	benīgnus,-a,-um	
Wohltat, Gefälligkeit	beneficium,-iī n	
Wohlwollen	benevolentia,-ae f	
hübsch, nett	° bellus,-a,-um	
Rind, Ochse, Kuh	bōs, bovis m/f	82
Arm	brac(c)hium,-iī n	83
kurz	brevis,-e	84
Pferd, Gaul	° caballus,-ī m	85
fallen	cadere, cecidī, cāsūrus	86
Fall; Zufall	cāsus,-ūs m	
Leichnam	+ cadāver,-eris n	
sich ereignen, zustoßen	accidere,-cidī	
zusammenbrechen, einstürzen	concidere	

F	E	I	S
l'audace	audacity	l'audacia	la audacia
avare		x avaro,-a	avaro,-a
l'avarice	avarice	l'avarizia	la avaricia
x l'oiseau m		x l'uccello m	la ave
			x el abuelo
l'oncle	x uncle		
l'axe m	axis	l'asse f	el eje
x le bain		x il bagno	x el baño
x la barbe	x beard	x la barba	x la barba
barbare	barbarian	bàrbaro,-a	bárbaro,-a
		beato,-a selig	*beato,-a*
le duel	*duel*	*il duello*	*el duelo*
belliqueux,-euse		bellicoso,-a	belicoso,-a
rebelle	rebel	ribelle	rebelde
la rébellion	rebellion	la ribellione	la rebelión
se rebeller	to rebel	ribellarsi	rebelarse
x la bête	x beast	x la bestia	x la bestia
x boire		x bere	x beber
la bibliothèque		la biblioteca	la biblioteca
x bon,-ne		x buono,-a	x buen(o),-a
x bien		x bene	x bien
le bénéfice Gewinn		il beneficio	x el beneficio
la bienveillance		la benevolenza	la benevolencia
x beau,bel(le)		x bello,-a	x bello,-a
x *la beauté* Schönheit	x *beauty*	x *la bellezza*	x *la belleza*
x le boeuf	x *beef Rindfleisch*	il bue,Pl.i buoi	x el buey
x le bras		x il braccio	x el brazo
x *embrasser umarmen*	*to embrace*	*abbracciare*	x *abrazar*
bref,brève	brief	breve	x breve
x le cheval		x il cavallo	x el caballo
x *la chance* Zufall,Chance	x *chance*	x *cadere*	x *caer*
x le cas	x case	x il caso	x el caso
le cadavre		il cadàvere	el cadáver
x *l'accident m* Unfall	x *accident*	*l'accidente m*	x *el accidente*

hineinfallen, geraten in	incidere	
untergehen; umkommen	occidere	
Westen	occidēns,-ntis m (sōl)	
Gelegenheit	occāsiō,-ōnis f	
blind; unsichtbar	caecus,-a,-um	87
fällen, niederhauen	caedere, cecīdī, caesum	88
Mord, Blutbad	caedēs,-is f	
abhauen; abmachen, vereinbaren	° dēcīdere,-cīdī,-cīsum	
Abkommen, Entscheidung	° dēcīsiō,-ōnis f	
niederhauen, töten	occīdere	
Himmel; Klima	caelum,-ī n	89
himmlisch	caelestis,-e	
Ehrfurcht; Feierlichkeit, Feier	+ caerimōnia,-ae f	90
Unglück, Schaden	calamitās,-ātis f	91
unversehrt	incolumis,-e	
Niederlage; Verlust	clādēs,-is f	
erschüttern, niederschmettern	percellere,-culī,-culsum	
warm, heiß	+ calidus,-a,-um	92
Wärme, Hitze	+ calor,-ōris m	
schlau, verschlagen	callidus,-a,-um	93
Gewölbe	° camera,-ae f	94
Kamin, Ofen	° camīnus,-ī m	95
Feld, Ebene	campus,-ī m	96
strahlend, weiß	candidus,-a,-um	97
Bewerber, Kandidat	+ candidātus,-ī m	
anzünden, entflammen	accendere,-dī,-sum	
anzünden, entflammen	incendere	
Brand, Feuer	incendium,-iī n	
singen; (ein Instrument) spielen	canere, cecinī	98
Gesang; Klang	cantus,-ūs m	
Gesang, Lied	° cantiō,-ōnis f	
singen	cantāre	
Lied; Gedicht; Spruch	carmen,-inis n	
	- accentus,-ūs m	
Hund, Hündin	canis,-is m/f	99

F	E	I	S
x *l'incident m* Zwischenfall	incident	x *l'incidente m*	el incidente
l'occident	occident	l'occidente	el occidente
x l'occasion	x occasion	x l'occasione	x la ocasión
		x cieco,-a blind	x ciego,-a blind
x *décider* entscheiden	x *to decide*	x *decìdere*	x *decidir*
x la décision	x decision	x la decisione	la decisión
		x uccìdere	
x le ciel		x il cielo	x el cielo
céleste	celestial	celeste	celeste
la cérémonie	ceremony	la cerimonia	la ceremonia
la calamité	calamity	la calamità	la calamidad
x chaud,-e		x caldo,-a	cálido,-a
x la chaleur		x il calore	x el calor
x *la chambre Zimmer*	chamber	x *la càmera*	*la cámara*
x la cheminée	x chimney	x il camino	la chimenea
x le champ	x *camp Lager*	x il campo	x el campo
x *la campagne Land*		x *la campagna*	
candide arglos	candid	càndido,-a	cándido,-a
le candidat	candidate	il candidato	el candidato
		x accèndere	
incendier			x encender
l'incendie m		l'incendio m	el incendio
x le chant	chant (Kirchen-) Gesang	x il canto	el canto
x la chanson		x la canzone	x la canción
x chanter		x cantare	x cantar
x *le charme*	x *charm*		
x l'accent	accent	x l'accento	el acento
x le chien		x il cane	
x la chienne		x la cagna	

fassen, ergreifen		capere,-iō, cēpī, captum 100
zu fassen suchen	+	captāre
gefangen; Gefangener		captīvus,-a,-um
Gefangenschaft	°	captīvitās,-ātis f
	−	(in)capābilis,-e
annehmen, empfangen; aufnehmen		accipere, -iō,-cēpī,-ceptum
aufnehmen, auffassen		concipere
täuschen	+	dēcipere
Schüler	+	discipulus,-ī m
Unterricht; Fach; Zucht		disciplīna,-ae f
ausnehmen; aufnehmen		excipere
Ausnahme, Einschränkung	°	exceptiō,-ōnis f
anfangen, beginnen		incipere, Perf. coepī
besetzen, einnehmen		occupāre
Besetzung; Inanspruchnahme	+	occupātiō,-ōnis f
erfassen, wahrnehmen		percipere
vorwegnehmen; vorschreiben		praecipere
Vorschrift; Lehre		praeceptum,-ī n
zurücknehmen; aufnehmen		recipere
sich erholen; sich zurückziehen		sē recipere
wiedererlangen, zurückgewinnen	+	recuperāre
aufnehmen, auf sich nehmen		suscipere
Haar (auf dem Kopf)		capillus,-ī m 101
Ziege	°	capra,-ae f 102
Kasten	°	capsa,-ae f 103
Kopf, Haupt; Hauptsache		caput,-itis n 104
das Leben betreffend; hauptsäch- lich, hervorragend	+	capitālis,-e
zweiseitig, ungewiß		anceps,-cipitis
kopfüber; abschüssig		praeceps,-cipitis
herabstürzen; sich herabstürzen	+	praecipitāre
Kohle	+	carbō,-ōnis m 105
frei sein von, entbehren		carēre,-uī 106
sittenrein	+	castus,-a,-um
Fleisch	+	carō, carnis f 107

F	E	I	S
		x *capire* verstehen	x *caber* Platz haben
x chasser jagen	x to catch fangen	x cacciare jagen	x cazar jagen
captif,-ve	captive	x *cattivo,-a* schlecht	
la captivité	captivity	la cattività	la cautividad
x (in)capable (un)fähig	(in)capable	x (in)capace	x (in)capaz
x accepter	x to accept	x accettare	x aceptar
x concevoir	x to conceive	concepire	concebir
décevoir	x to deceive		
le disciple Jünger	*disciple*	*il discépolo*	*el discípulo*
la discipline	discipline	la disciplina	la disciplina
excepter	x except außer	*eccetto*	x *excepto*
l'exception	x exception	x l'eccezione	x la excepción
x occuper	x to occupy	x occupare	x ocupar
l'occupation	x occupation	l'occupazione	x la ocupación
x (a)percevoir	to perceive	percepire	x percibir
	precept		
x recevoir	x to receive	x ricévere	x recibir
récupérer	x to recover	ricuperare	x recobrar
x le cheveu		x il capello	x el cabello
x la chèvre		la capra	x la cabra
la caisse	case	x la cassa	x la caja
		x il capo	x la cabeza
x *le chef*	x *chief*	x *il capo*	x *el jefe*
capital,-e	capital	x capitale	capital
la capitale Hauptstadt	x *capital*	x *la capitale*	x *la capital*
le capital	x *capital*	x *il capitale*	x *el capital*
x précipiter	to precipitate	x precipitare	x precipitar
x le charbon	*carbon* Kohlenstoff	x il carbone	el carbón
			x carecer
chaste	chaste	casto,-a	casto,-a
la chair		x la carne	x la carne

pflücken		carpere, carpsī,-tum	108
Wagen	+	carrus,-ī m	109
lieb, teuer		cārus,-a,-um	110
Liebe; hoher Preis, Teuerung	+	cāritās,-ātis f	
Hütte	+	casa,-ae f	111
Käse	°	cāseus,-ī m	112
Kastanie	°	castanea,-ae f	113
züchtigen	°	castīgāre	114
Lager		castra,-ōrum n	115
Befestigung, Kastell		castellum,-ī n	
Kette, Fessel	+	catēna,-ae f	116
Schwanz, Schweif	°	cauda,-ae f	117
Streitsache, Rechtssache; Ursache		causa,-ae f	118
anklagen		accūsāre	
Anklage	°	accūsātiō,-ōnis f	
Ankläger	+	accūsātor,-ōris m	
entschuldigen	+	excūsāre	
ablehnen, sich weigern		recūsāre	
achtgeben, sich hüten		cavēre, cāvī, cautum	119
vorsichtig		cautus,-a,-um	
hohl; gewölbt		cavus,-a,-um	120
Käfig	°	cavea,-ae f	
gehen; weichen		cēdere, cessī, cessum	121
zögern; ablassen		cessāre	
es ist notwendig		necesse est	
notwendig; verwandt		necessārius,-a,-um	
Notwendigkeit; Not		necessitās,-ātis f	
enge Verbindung; Not		necessitūdō,-inis f	
herantreten; hinzukommen		accēdere	
Annäherung, Zutritt	°	accessus,-ūs m	
weichen; zugestehen		concēdere	
Zugeständnis, Bewilligung	°	concessiō,-ōnis f	
weggehen; sterben		dēcēdere	
auseinander-, weggehen		discēdere	

F	E	I	S
	x harvest Ernte		
x (l'auto)car Reisebus	x car Auto	il carro	x el carro
x cher,chère		x caro,-a	x caro,-a
la charité Nächstenliebe	*charity*	*la carità*	*x la caridad*
la case		x la casa Haus	x la casa Haus
x chez bei,zu			
	x cheese		x el queso
la châtaigne	chestnut	la castagna	la castaña
	to chastise	castigare	x castigar
x le château Schloß	x castle	x il castello	el castillo
la chaîne	x chain	la catena	x la cadena
x la queue		x la coda	x la cola
x la chose Sache		*x la cosa*	*x la cosa*
x la cause Ursache	x cause	x la causa	x la causa
x à cause de wegen	*x because*	*x a causa di*	*x a causa de*
accuser	to accuse	accusare	x acusar
l'accusation	accusation	l'accusa	la acusación
l'accusateur	accuser	l'accusatore	el acusador
x excuser	x to excuse	x scusare	x excusar
l'excuse Entschuldigung	*x excuse*	*x la scusa*	*la excusa*
	cautious	*cauto,-a*	*cauto,-a*
x la cave Keller	*cave Höhle*	*cavo,-a*	
la cage	cage		
x céder		x cèdere	x ceder
x cesser aufhören	to cease	x cessare	x cesar
x nécessaire	x necessary	x necessario,-a	x necesario,-a
x la nécessité	x necessity	x la necessità	x la necesidad
accéder		accèdere	acceder
l'accès	access	l'accesso	el acceso
concéder	to concede	concèdere	conceder
la concession	concession	la concessione	x la concesión
décéder	to decease		

heraus-, hinausgehen		excēdere
einhergehen; betreten; befallen		incēdere
Einspruch; Vermittlung	°	intercessiō,-ōnis f
vorangehen; übertreffen	°	praecēdere
vorrücken		prōcēdere
sich zurückziehen		recēdere
nachrücken; vonstatten gehen		succēdere
Nachfolger	°	successor,-ōris m
Nachfolge	°	successiō,-ōnis f
Heranrücken; Erfolg	°	successus,-ūs m
verbergen, verheimlichen		(con)celāre 122
Zelle, Kammer	+	cella,-ae f
Farbe		color,-ōris m
verborgen, geheim		occultus,-a,-um
verbergen, verstecken		occultāre
heimlich, verborgen	°	clandestīnus,-a,-um
viel besucht, berühmt	+	celeber,-bris,-bre 123
besuchen; feiern		celebrāre
schnell		celer,-eris,-ere 124
Schnelligkeit	+	celeritās,-ātis f
sich beeilen; beschleunigen	°	accelerāre
hervorragen, sich auszeichnen		ex-cellere 125
hervorragend, vortrefflich	°	excellēns,-ntis
Säule	+	columna,-ae f
Hügel		collis,-is m
Hauptmahlzeit		cēna,-ae f 126
schätzen; meinen, beantragen		censēre,-uī, cēnsum 127
Zensor		cēnsor,-ōris m
Amt des Zensors	°	cēnsūra,-ae f
hundert		centum 128
Hundertschaft, Zenturie	+	centuria,-ae f
Führer einer Hundertschaft, Zenturio		centuriō,-ōnis m
Wachs		cēra,-ae f 129
Gehirn	+	cerebrum,-ī n 130
wahrnehmen, sehen		cernere, crēvī, crētum 131
sicher, gewiß		certus,-a,-um (Adv.-ē/-ō)
unsicher, ungewiß		incertus,-a,-um
wetteifern, kämpfen		certāre

F	E	I	S
excéder	to exceed	eccèdere	exceder
l'intercession	intercession	l'intercessione	la intercesión
x précéder	to precede	precèdere	x preceder
procéder	to proceed	procèdere	x proceder
	to recede		
succéder	x to succeed	x succèdere	x suceder
le successeur	successor	il successore	el sucesor
la succession	succession	la successione	la sucesión
x le succès	x success	x il successo	x *el suceso Ereignis*
	x to conceal	celare	celar
la cellule	cell	la cella	la celda
	x *cellar Keller*		
x la couleur	x colour	x il colore	x el color
		occultare	x ocultar
clandestin,-e		clandestino,-a	clandestino,-a
célèbre		cèlebre	célebre
célébrer	to celebrate	celebrare	x celebrar
accélérer	to accelerate	accelerare	acelerar
exceller	to excel		
x excellent,-e	x excellent	x eccellente	x excelente
la colonne	column	la colonna	la columna
la colline	x hill	x il colle	x la colina
		x la cena Abendessen	x la cena Abendessen
la censure	*censure*	*la censura*	*la censura*
x cent	x hundred	x cento	x cien(to)
	x *century Jahrhundert*		
la cire		la cera	la cera
le cerveau		il cervello	x el cerebro
x certain,-e	x certain	x certo,-a	x cierto,-a
		incerto,-a	incierto,-a

Wettstreit, Kampf	certāmen,-inis n	
entscheiden, beschließen	dēcernere	
Beschluß	dēcrētum,-ī n	
unterscheiden; trennen	+ discernere	
Unterschied; Entscheidung; Gefahr	discrīmen,-inis n	
abgesondert, geheim	+ sēcrētus,-a,-um	
Geheimnis	+ sēcrētum,-ī n	
Hals, Nacken	cervīx,-īcis f	132
die übrigen	cēterī,-ae,-a	133
Papyrus, Papier; Schriftstück	° charta,-ae f	134
Saite	° chorda,-ae f	135
Reigentanz, Chor	° chorus,-ī m	136
Speise, Nahrung	cibus,-ī m	137
umgürten, umgeben	cingere,-xī, cīnctum	138
Asche	cinis,-eris m	139
Kreis; Rennbahn	+ circus,-ī m	140
Kreis; Verein, Zirkel	° circulus,-ī m	
ringsum; um ... herum	circum/circā Adv./ Präp.m.Akk.	
ungefähr	circiter Adv.	
vorladen, aufrufen	+ citāre	141
antreiben; aufwiegeln	concitāre	
aufjagen, erregen; verursachen	excitāre	
antreiben, reizen	incitāre	
vorlesen, vortragen	recitāre	
aufwecken, erregen	+ suscitāre	
erregen; beunruhigen; aufwiegeln	sollicitāre	
Bürger(in)	cīvis,-is m/f	142
bürgerlich, politisch	cīvīlis,-e	
Bürgerrecht; Bürgerschaft, Staat	cīvitās,-ātis f	
schreien, rufen	clāmāre	143
Geschrei, Lärm	clāmor,-ōris m	
ausrufen	° exclāmāre	
laut widersprechen	° reclāmāre	
hell, klar; berühmt	clārus,-a,-um	144
glänzend, vortrefflich, berühmt	praeclārus,-a,-um	

F	E	I	S
le décret	decree	il decreto	el decreto
discerner	to discern	discèrnere	discernir
secret,-ète	x secret	x segreto,-a	x secreto,-a
x le secret	x secret	x il segreto	x el secreto
x *la carte Karte*	x *card Karte*	x la carta Papier	x *la carta Brief*
x la corde	cord	la corda	la cuerda
le choeur	chorus	il coro	el coro
x *la ceinture Gürtel*		la cintura	x *el cinturón*
la cendre		la cénere	x la ceniza
		x il cerchio	el cerco
le cirque	*circus*	*il circo*	*el circo*
x le cercle	x circle	x il cìrcolo	x el cìrculo
		x circa ungefähr	x cerca de nahe bei
citer	to cite	citare	x citar
x exciter	x to excite	x eccitare	x excitar
inciter	to incite	incitare	incitar
réciter	to recite	recitare	recitar
susciter		suscitare	suscitar
x *le souci Sorge*	*to solicit bitten*		x *solicitar bitten*
le citoyen	x citizen	il cittadino	el ciudadano
la citoyenne		la cittadina	la ciudadana
civil,-e	x civil	x civile	x civil
x *la cité Stadt*	x *city*	x *la città*	x *la ciudad*
	x *to claim beanspruchen*	x chiamare	x llamar
la clameur	clamour	il clamore	el clamor
s'exclamer	to exclaim	x esclamare	x exclamar
x *réclamer*	*to reclaim*	*reclamare*	x *reclamar*
x clair,-e	x clear	x chiaro,-a	x claro,-a

verkünden, erklären	dēclārāre	
	- dēclārātiō,-ōnis f	
Abteilung; Flotte	classis,-is f	145
schließen, absperren	claudere,-sī,-sum	146
Schlüssel	° clāvis,-is f	
einschließen; folgern	+ conclūdere,-sī,-sum	
Einschließung; Folgerung	° conclūsiō,-ōnis f	
ausschließen	+ exclūdere	
einschließen, verschließen	inclūdere	
abschließen, absperren	interclūdere	
Nagel; Purpursaum (der Tunika)	+ clāvus,-ī m	147
beugen, abwenden; ausweichen	+ dē-clīnāre	148
beugen; sich neigen	+ inclīnāre	
Abhängiger, Schützling, Klient	cliēns,-ntis m	
Abhängigkeit; Anhang, Klientel	+ clientēla,-ae f	
mild	+ clēmēns,-ntis	
Milde	+ clēmentia,-ae f	
Baumstamm; Schreibtafel, Buch	+ cōdex,-icis m	149
bebauen, pflegen, verehren	colere,-uī, cultum	150
Pflege; Lebensweise	cultus,-ūs m	
Anbau, Pflege; Ausbildung	+ cultūra,-ae f	
Bauer, Siedler	colōnus,-ī m	
Ansiedlung, Niederlassung, Kolonie	colōnia,-ae f	
bewohnen, wohnen	incolere	
Hals	collum,-ī n	151
Lustspiel, Komödie	° cōmoedia,-ae f	152
komisch	° cōmicus,-a,-um	
erfahren	comperīre,-perī,-pertum	153
versuchen, unternehmen	cōnārī	154
Versammlung	concilium,-iī n	155
gewinnen, vermitteln	+ conciliāre	
zurückgewinnen, versöhnen	° reconciliāre	
zusammentreffen, übereinstimmen	congruere,-uī	156
Beratung; Rat, Entschluß	cōnsilium,-iī n	157
Ratgeber, Berater	° cōnsiliārius,-iī m	

F	E	I	S
x déclarer	x to declare	x dichiarare	x declarar
la déclaration	x declaration	la dichiarazione	la declaración
x *la classe*	x *class*	x *la classe*	x *la clase*
	x to close	x chiùdere	
x la clef/clé		x la chiave	x la llave
x conclure	to conclude	conclùdere	x concluir
la conclusion	conclusion	la conclusione	la conclusión
exclure	to exclude	esclùdere	x excluir
	x to enclose		
inclure	x *to include*	*inclùdere*	x *incluir*
einschließen, einbeziehen			
x le clou		il chiodo	x el clavo
décliner	*to decline*	*declinare*	*declinar*
x incliner	to incline	inclinare	x inclinar
x le client	client	x il cliente	el cliente
la clientèle		*la clientela*	*la clientela*
Kundschaft			
clément,-e		clemente	clemente
la clémence		la clemenza	la clemencia
le code	*code*	*il còdice*	*el código*
Gesetzbuch			
x cultiver	x to cultivate	x coltivare	x cultivar
le culte		il culto	x el culto
x la culture	culture	x la cultura	la cultura
le colon	colonist	il colono	el colono
la colonie	x colony	la colonia	la colonia
x le cou		x il collo	x el cuello
le col Kragen	x *collar*		
la comédie	comedy	la commedia	x la comedia
comique	comic	còmico,-a	cómico,-a
le concile	*council*	*il concilio*	*el concilio*
concilier		conciliare	conciliar
réconcilier	to reconcile	riconciliare	reconciliar
x le conseil	counsel	x il consiglio	x el consejo
x le conseiller	counsellor	x il consigliere	el consejero

sich beraten	°	cōnsiliārī
Konsul		cōnsul,-is m
Amt des Konsuls, Konsulat		cōnsulātus,-ūs m
konsularisch; ehemaliger Konsul		cōnsulāris,-e
um Rat fragen; beraten, beschließen; sorgen für		cōnsulere,-uī,-tum
Beschluß		cōnsultum,-ī n
befragen; beraten	+	cōnsultāre
geringschätzen, verachten		contemnere, -tempsī,-temptum 158
kochen	°	coquere,-xī, coctum 159
Koch	°	coquus,-ī m
	-	coquīna,-ae f
Herz		cor, cordis n 160
Eintracht		concordia,-ae f
Zwietracht, Uneinigkeit		discordia,-ae f
Sorglosigkeit		socordia,-ae f
sich erinnern		recordārī
Horn; Heeresflügel		cornū,-ūs n 161
Kranz, Krone		corōna,-ae f 162
bekränzen	°	corōnāre
Körper		corpus,-oris n 163
Rinde	+	cortex,-icis m/f 164
Rippe	°	costa,-ae f 165
dick, fett	°	crassus,-a,-um 166
erschaffen, hervorbringen; wählen		creāre 167
	-	creātūra,-ae f
wachsen, zunehmen		crēscere, crēvī, crētum
dicht, zahlreich, häufig		crēber,-bra,-brum (Adv.-ō)
glauben, (an)vertrauen		crēdere,-didī,-ditum 168
Darlehen	°	crēditum,-ī n
leichtgläubig	°	crēdulus,-a,-um
unglaublich		incrēdibilis,-e
schallen, krachen	+	crepāre,-uī,-itum 169
verschieden sein		discrepāre,-āvī
Vorwurf; Schuld, Verbrechen		crīmen,-inis n 170
	-	crīminālis,-e

x *conseiller raten*		x *consigliare*	x *aconsejar*
le consul	consul	il cònsole	el cónsul
le consulat Konsulat(sgebäude)	*consulate*	*il consolato*	*el consulado*

consulter	to consult	consultare	x consultar

x cuire	x to cook	x cuòcere	x cocer
le cuisinier	x cook	x il cuoco	el cocinero
x la cuisine Küche	x kitchen	x la cucina	x la cocina
x le coeur	x heart	x il cuore	x el corazón
la concorde	concord	la concordia	la concordia
la discorde	discord	la discordia	la discordia

	x *to record*
	  aufzeichnen
		x *ricordare*
		  erinnern
			x *recordar*
			  erinnern

x la corne	horn	il corno	el cuerno
la couronne	x crown	la corona	x la corona
couronner krönen	x *to crown*	*coronare*	*coronar*
x le corps	*corpse Leiche*	x il corpo	x el cuerpo
l'écorce f		la corteccia	la corteza
x la côte		la còstola	la costilla
x *la côte Küste*	x *coast*	*la costa*	x *la costa*
x gras,-se	*grease Fett*	x grasso,-a	graso,-a
x créer	to create	x creare	x criar
la creature Schöpfung	x creature	la creatura	la criatura
croître	x to increase	créscere	x crecer

x croire		x crédere	x creer
le crédit	credit	il crédito	el crédito
crédule	credulous	crèdulo,-a	crédulo,-a
incroyable	incredible	incredìbile	increíble
crever bersten		crepare bersten	x quebrarse brechen

x le crime	x crime	il crìmine	x el crimen
criminel,-le	x criminal	criminale	criminal

Haar	crīnis,-is m	171
blutig, roh	° crūdus,-a,-um	172
grausam	crūdēlis,-e	
Grausamkeit	+ crūdēlitās,-ātis f	
Marterholz, Kreuz	+ crux, crucis f	173
Schuld	culpa,-ae f	174
	- culpābilis,-e	
Messer	° culter,-trī m	175
(zusammen) mit	cum m.Abl.	176
gegenüber, dagegen; gegen	contrā Adv./Präp.m.Akk.	
entgegengesetzt, gegensätzlich	contrārius,-a,-um	
als; (immer) wenn; indem	cum m.Indikativ	177
als; weil; obwohl; während (dagegen)	m.Konjunktiv	
..., besonders aber	cum ... tum	
sich (ver)legen auf	in-cumbere,-uī	178
unterliegen, erliegen	+ succumbere	
anhäufen	+ (ac)cumulāre	179
zögern, zaudern	cūnctārī	180
gesamt, ganz; alle	cūnctus,-a,-um/-ī,-ae,-a	181
Keil	° cuneus,-ī m	182
begehren, wünschen	cupere,-iō,-īvī,-itum	183
begierig	cupidus,-a,-um	
Begierde, Leidenschaft	cupiditās,-ātis f	
Begierde, Leidenschaft	cupīdō,-inis f	
Sorge, Sorgfalt, Fürsorge	cūra,-ae f	184
aufmerksam; neugierig	+ cūriōsus,-a,-um	
	- cūriōsitās,-ātis f	
sorgen, besorgen; pflegen	cūrāre	
sorgfältig; genau	+ accūrātus,-a,-um	
besorgen, verwalten	+ procūrāre	
sorglos, sicher	+ sēcūrus,-a,-um	
Sorglosigkeit, Sicherheit	° sēcūritās,-ātis f	
laufen, eilen	currere, cucurrī, cursum	185
Lauf, Kurs	cursus,-ūs m	

F	E	I	S
cru,-e	crude	crudo,-a	crudo,-a
cruel,-le	x cruel	crudele	x cruel
la cruauté	x cruelty	la crudeltà	la crueldad
la croix	x cross	x la croce	x la cruz
		x la colpa	x la culpa
x coupable schuldig		x colpévole	culpable
x le couteau		x il coltello	x el cuchillo
		x con	x con
x contre		x contro	x contra
x contraire	x contrary	x contrario,-a	x contrario,-a
succomber	to succumb	soccómbere	sucumbir
accumuler	to accumulate	(ac)cumulare	acumular
x *le coin Ecke*	x *coin Münze*	il cùneo	la cuña
la cure Kur	x cure	x la cura Sorge	x *la cura*
x curieux,-euse	x curious	x curioso,-a	curioso,-a
x la curiosité Neugier	x curiosity	x la curiosità	x la curiosidad
	x *to cure heilen*	x curare	x *curar*
	accurate	accurato,-a	
procurer	to procure	procurare	x procurar
x sûr,-e	x sure/secure	x sicuro,-a	x seguro,-a
la sûreté la sécurité	security	x la sicurezza	la seguridad
x courir		x córrere	x correr
x *le courant Strömung*	x current	x *la corrente*	x *la corriente*
x le cours *la course Fahrt*	x course	x il corso *la corsa*	x el curso

herbeieilen, hinlaufen	°	accurrere, -(cu)currī, -cursum
zusammenlaufen, zusammentreffen		concurrere
auseinanderlaufen	°	discurrere
Ausfall, Streifzug; Ausflug	°	excursiō, -ōnis f
entgegenlaufen, begegnen		occurrere
durchlaufen	+	percurrere
zu Hilfe eilen	+	succurrere
verstümmelt, kurz	°	curtus, -a, -um 186
krumm; gebogen, gewölbt	+	curvus, -a, -um 187
krümmen, biegen, wölben	°	curvāre
Wächter		custōs, -ōdis m 188
Wache; Haft		custōdia, -ae f
Verlust, Schaden	+	damnum, -ī n 189
verurteilen, verdammen		damnāre
verurteilen		condemnāre
geben		dare, dedī, datum 190
Geschenk		dōnum, -ī n
schenken, beschenken		dōnāre
Mitgift; Gabe	+	dōs, dōtis f
umgeben		circumdare, dedī, -datum
verbergen		abdere, -didī, -ditum
hinzufügen		addere
gründen; bergen		condere
verbergen	+	abscondere
hingeben, ausliefern		dēdere
Übergabe, Unterwerfung		dēditiō, -ōnis f
herausgeben; hervorbringen; äußern		ēdere
zugrunde richten; verlieren		perdere
begabt; ausgestattet		praeditus, -a, -um
bekanntmachen, verraten; überliefern		prōdere
zurückgeben; machen zu		reddere
übergeben; überliefern		trādere
Übergabe	°	trāditiō, -ōnis f
von ... herab, von ... weg; über		dē m. Abl. 191
endlich, erst		dēmum Adv.
endlich, schließlich		dēnique Adv.

F	E	I	S
x accourir		accórrere	
concourir	to concur	concórrere	x concurrir
x *le discours Rede*	*discourse*	x *il discorso*	x *el discurso*
l'excursion	excursion	l'escursione	la excursión
	to occur	x occórrere	x ocurrir
	vorkommen, sich ereignen		
x parcourir		x percórrere	
secourir		soccórrere	socorrer
x court,-e	x short	x corto,-a	x corto,-a
courbe	x *curve Kurve*	curvo,-a	curvo,-a
courber	to curve	curvare	encorvar
le dommage	x damage	il danno	x el daño
damner	to damn	dannare	*dañar schaden*
x condamner	to condemn	x condannare	x condenar
la date Datum	x *date*	x *dare*	x *dar*
le don		*il dono*	x *el don*
Gabe, Fähigkeit			
x donner		x donare	donar
la dot	dowry	la dote	la dote
		x circondare	
l'addition f	x *to add*	*l'addizione f*	x *añadir*
		x nascóndere	x esconder
l'édition f	*edition*	*l'edizione*	*la edición*
Ausgabe			
x perdre		x pèrdere	x perder
x rendre	to render	x rèndere	x rendir
trahir verraten	*treason Verrat*	*tradire verraten*	x *el traidor*
			Verräter
x *la tradition*	*tradition*	x *la tradizione*	x *la tradición*
x *de*		x *di*	x *de*

es paßt, es schickt sich	decet,-uit	192
Schmuck, Zierde	decus,-oris n	
Schande	dēdecus,-oris n	
schön; schicklich, anständig	decōrus,-a,-um	
schmücken	° decorāre	
angemessen; würdig, wert	dīgnus,-a,-um	
Würde, Ansehen	dīgnitās,-ātis f	
unwürdig	indīgnus,-a,-um	
sich empören, entrüstet sein	+ indīgnārī	
Entrüstung	° indīgnātiō,-ōnis f	
zerstören, vernichten	dēlēre,-ēvī,-ētum	193
Zahn	dēns, dentis m	194
dicht; dicht gefüllt	dēnsus,-a,-um	195
Gott; Göttin	deus,-ī m/dea,-ae f	196
göttlich	dīvus/dīvīnus,-a,-um	
weissagen; ahnen	+ dīvīnāre	
Weissagung; Ahnung	+ dīvīnātiō,-ōnis f	
verschlingen	° dēvorāre	197
rechts; günstig	dexter,-(e)ra,-(e)rum	198
die Rechte, die rechte Hand	dextra,-ae f (manus)	
Gespräch, Dialog	° dialogus,-ī m	199
sagen, sprechen, nennen	dīcere, dīxī, dictum	200
Wort, Äußerung	dictum,-ī n	
diktieren	+ dictāre	
Diktator	dictātor,-ōris m	
Befehl; Gewalt	diciō,-ōnis f	
Bedingung, Lage	condiciō,-ōnis f	
bekanntgeben, anordnen	ēdīcere	
Anordnung	ēdictum,-ī n	
ankündigen	indīcere	
untersagen, verbieten	+ interdīcere	
vorhersagen	+ praedīcere	
sich lossagen	+ (sē) abdicāre	
weihen, widmen	+ dēdicāre	
anzeigen	indicāre	
Anzeige; Anzeichen	indicium,-iī n	
Anzeiger	+ index,-icis m	
öffentlich bekanntmachen	+ praedicāre	

F	E	I	S
décent,-e anständig	*decent*	*decente*	*decente*
le décor			
		decoroso,-a	decoroso,-a
x décorer	to decorate	decorare	decorar
x digne		x degno,-a	x digno,-a
la dignité	dignity	la dignità	la dignidad
indigne		indegno,-a	indigno,-a
s'indigner	*indignant* empört	indignarsi	indignarse
l'indignation	indignation	l'indignazione	la indignación
x la dent	x tooth	x il dente	x el diente
dense	dense	denso,-a	denso,-a
x le dieu	*deity* Gottheit	x (il) Dio	x Dios/un dios
divin,-e	divine	divino,-a	x divino,-a
x deviner	to divine	divinare	x adivinar
la divination	divination	la divinazione	
dévorer	to devour	divorare	devorar
		destro,-a	
le dialogue	dialogue	il diàlogo	x el diàlogo
x dire		x dire	x decir
dicter	to dictate	dettare	x dictar
le dictateur	dictator	il dittatore	el dictador
x la condition	x condition	x la condizione	x la condición
l'édit m	edict	l'editto m	el edicto
x interdire			
prédire	to predict	predire	predecir
abdiquer	to abdicate	abdicare	abdicar
dédier	to dedicate	dedicare	x dedicar
x indiquer	to indicate	x indicare	x indicar
		l'indizio m	el indicio
l'index	index	x l'ìndice	el ìndice
prêcher predigen	x *to preach*	*predicare*	*predicar*

Tag; Termin	diēs,-ēī m/f	201
lange	diū Adv. (diūtius, diūtissimē)	
täglich, Tages-	+ diurnus,-a,-um	
lang dauernd	diuturnus,-a,-um	
täglich	cottīdiē Adv.	
täglich, alltäglich	cottīdiānus,-a,-um	
heute	hodiē Adv.	
Mittag; Süden	+ merīdiēs,-ēī m	
Finger, Zehe	digitus,-ī m	202
kämpfen	dīmicāre	203
lernen	discere, didicī	204
Scheibe, Diskus	° discus,-ī m	205
zerstreuen	+ dissipāre	206
reich	dīves,-itis	207
Reichtum, Schätze	dīvitiae,-ārum f	
lehren, unterrichten	docēre,-uī, doctum	208
gelehrt, gebildet	doctus,-a,-um	
Lehrer	° doctor,-ōris m	
Belehrung; Gelehrsamkeit, Wissenschaft	doctrīna,-ae f	
Beweis; (warnendes) Beispiel	+ documentum,-ī n	
Schmerz empfinden, bedauern	dolēre,-uī	209
Schmerz, Kummer	dolor,-ōris m	
List, Betrug	dolus,-ī m	210
zähmen, bezwingen	domāre,-uī,-itum	211
Haus	domus,-ūs f	212
zu Hause; nach Hause; von zu Hause	domī; domum; domō	
häuslich; einheimisch	domesticus,-a,-um	
Wohnsitz	+ domicilium,-iī n	
Herr, Besitzer	dominus,-ī m	
Herrin	domina,-ae f	
Herrschaft, Machtgebiet	° dominium,-iī n	
herrschen	dominārī	
Herrschaft, Alleinherrschaft	dominātiō,-ōnis f	
solange (als), (solange) bis	dōnec	213
schlafen	dormīre	214

			x el día

F	E	I	S
x le jour Tag	x journey Reise	x il giorno Tag	
x le journal	journal	x il giornale	
Zeitung; Tagebuch			
quotidien,-ne		x quotidiano,-a	cotidiano,-a
x aujourd'hui		x oggi	x hoy
x le midi		x il mezzogiorno	x el mediodía
x le doigt		x il dito	x el dedo
x le disque	disk Schallplatte	il disco	x el disco
dissiper	to dissipate	dissipare	disipar
		dotto,-a	docto,-a
x le docteur Arzt;Dr.	x doctor	x il dottore	x el doctor
la doctrine	doctrine	la dottrina	la doctrina
le document	document	il documento	x el documento
Urkunde			
		dolere schmerzen	x doler
x la douleur		x il dolore	x el dolor
dompter	x to tame	domare	domar
le dôme Dom	dome	il duomo	
x domestique	domestic		
le domicile	domicile	il domicilio	el domicilio
			x don ...; el dueño
x la dame; madame	x madam	x la donna Frau	x doña Frau ...
x le domaine	dominion	x il dominio	el dominio
Gebiet, Fach			
x dominer	to dominate	x dominare	x dominar
la domination	domination	la dominazione	la dominación
x dormir		x dormire	x dormir

Rücken	+ dorsum,-ī n	215
Drache	° dracō,-ōnis m	216
ziehen, führen; halten für	dūcere, dūxī, ductum	217
Führer, Feldherr	dux, ducis m	
heranführen, veranlassen	addūcere	
zusammenführen; anwerben, mieten	condūcere	
wegführen, hinführen	dēdūcere	
herausführen; aufziehen	ēdūcere	
erziehen	+ ēducāre	
Erziehung	° ēducātiō,-ōnis f	
einführen; verleiten	indūcere	
hineinführen; einführen	° introdūcere	
hinführen	perdūcere	
vorführen, hervorbringen; weiterführen	prōdūcere	
zurückführen, zurückziehen	redūcere	
hinüberführen, hinbringen	trādūcere	
süß, lieblich, angenehm	dulcis,-e	218
während; solange (als), (solange) bis	dum	219
noch nicht	nōndum	
zwei	duo,-ae,-o	220
zweimal	bis	
zweifach, doppelt	+ duplex,-icis	
zweifelhaft, unsicher	dubius,-a,-um	
zweifeln, bezweifeln; zögern	dubitāre	
hart	dūrus,-a,-um	221
hart machen; dauern	dūrāre	
betrunken, berauscht	+ ēbrius,-a,-um	222
nüchtern; enthaltsam	° sōbrius,-a,-um	
essen	edere, ēdī, ēsum	223
bedürfen, nötig haben	egēre,-uī	224
Mangel, Armut	egestās,-ātis f	
ich	ego (meī, mihī, mē, ā mē)	225
mein	meus,-a,-um	

x le dos		il dorso	
le dragon	dragon	il drago	el dragón
le duc Herzog	*duke*	*il duca*	*el duque*
x conduire führen	*to conduct*	*x condurre*	*x conducir*
	x to educate	educare	educar
x l'éducation	x education	x l'educazione	x la educación
	to induce	indurre	inducir
x introduire	x to introduce	x introdurre	x introducir
x produire erzeugen	*x to produce*	*x produrre*	*x producir*
la production	*x production*	*la produzione*	*x la producción*
x réduire	*x to reduce*	*x ridurre*	*x reducir*
herabsetzen			
traduire		*tradurre*	*x traducir*
übersétzen			
x doux,douce		x dolce	x dulce
x la douceur Süße			

x deux	x two	x due	x dos
x double	x double	x doppio,-a	x doble
douteux,-euse	dubious	dubbioso,-a	dudoso,-a
x douter	x to doubt	x dubitare	x dudar
x le doute Zweifel	*x doubt*	*x il dubbio*	*x la duda*
x dur,-e		x duro,-a	x duro,-a
x durer		x durare	x durar
x durant während	*x during*	*x durante*	*x durante*
ivre		ebrio,-a	
sobre	sober	sobrio,-a	sobrio,-a
	x to eat		x comer

x je	x I	x io	x yo
x moi ich/mir/mich		x mi mir/mich	x me (nach Präp.mi)
x me mir/mich	x me mich/mir	x me mich	mir/mich
x mon,ma	x my	x mio,mia	x mío,mía

Grundstoff, Element	+ elementum,-ī n	226
Elefant, Elfenbein	+ elephantus,-ī m	227
verbessern	+ ēmendāre	228
nehmen, kaufen	emere, ēmī, ēmptum	229
an sich nehmen, wegnehmen	adimere,-ēmī,-ēmptum	
abnehmen, wegnehmen	dēmere,-psī,-ptum	
herausnehmen, wegnehmen	+ eximere,-ēmī,-ēmptum	
Beispiel	exemplum,-ī n	
Belohnung	praemium,-iī n	
sichtbar; bereit; entschlossen	prōmptus,-a,-um	
loskaufen, befreien	+ redimere	
nehmen	sūmere,-psī,-ptum	
Aufwand, Kosten	sūmptus,-ūs m	
verbrauchen; verschwenden	cōnsūmere	
wiederaufnehmen	° resūmere	
Brief	epistula,-ae f	230
Speisen, Mahl	epulae,-ārum f	231
Pferd	equus,-ī m	232
Reiter; Ritter	eques,-itis m	
Reiter-, Ritter-	equester,-tris,-tre	
Reiterei	equitātus,-ūs m	
also, folglich	ergō Adv.	233
(sich) irren	errāre	234
Irrtum; Irrfahrt	error,-ōris m	
sein	esse, sum, fuī, futūrus	235
zukünftig	futūrus,-a,-um	
	- essentia,-ae f	
abwesend sein, entfernt sein; fehlen	abesse, absum, āfuī	
abwesend	absēns,-ntis	
Abwesenheit	° absentia,-ae f	
da sein; beistehen, helfen	adesse, adsum, affuī	
fehlen, mangeln	deesse, dēsum, dēfuī	
darin sein, enthalten sein	inesse	
dazwischenliegen; teilnehmen	interesse	
es ist ein Unterschied; es ist wichtig	interest	

F	E	I	S
x l'élément m	element	x l'elemento m	x el elemento
l'éléphant	elephant	l'elefante	el elefante
	x to (a)mend		
exempter	*to exempt*	*esimere*	*eximir*
(von einer Pflicht) befreien			
x *l'exemple m*	x *example*	x *l'esempio m*	x *el ejemplo*
	sample Muster		
	premium	*il premio*	x *el premio*
prompt,-e schnell	*prompt*	x *pronto,-a*	x *pronto,-a*
	to redeem	*redimere*	*redimir*
consumer	*to consume*	x *consumare*	x *consumir*
aufzehren			
résumer	*to resume*	*riassùmere*	*resumir*
zusammenfassen			
errer	*to err*	*errare*	*errar*
x l'erreur f	error	x l'errore m	x el error
x être		x essere	x ser
futur,-e	x future	futuro,-a	x futuro,-a
x l'essence Wesen	essence	l'essenza	la esencia
essentiel,-le	x *essential*	*essenziale*	*esencial*
wesentlich			
absent,-e	x absent	assente	ausente
l'absence	x absence	l'assenza	x la ausencia
x *l'intérêt m*	x *interest*	x *l'interesse m*	x *el interés*
x *intéresser*	x *to interest*	x *interessare*	x *interesar*

an der Spitze stehen, befehligen	praeesse
anwesend, gegenwärtig	praesēns,-ntis
Anwesenheit, Gegenwart	° praesentia,-ae f
	- praesentāre
vor Augen stellen; verwirklichen	° repraesentāre
nützlich sein, nützen	prōdesse, prōsum, prōfuī
übrig sein, überleben; über sein, übertreffen	superesse
und; auch	et 236
sowohl ... als auch	et ... et
auch, noch	etiam
aus; von ... an; infolge	ex/ē m.Abl. 237
außerhalb (von)	extrā Adv./Präp.m.Akk.
auswärtig	exter(us),-era,-erum
äußerer	exterior,-ius
äußerster, letzter	extrēmus,-a,-um
äußerster Rand, das Äußerste	° extrēmitās,-ātis f
ausländisch, fremd	externus,-a,-um
auswärtig, fremd; Ausländer	° extrāneus,-a,-um
verbannt; Verbannter	ex(s)ul,-is 238
Verbannung	ex(s)ilium,-iī n
verfertigen	+ fabricārī 239
tun, machen	facere,-iō, fēcī, factum 240
Tat, Handlung; Ereignis	factum,-ī n
in der Tat, wirklich	profectō Adv.
Parteiung	factiō,-ōnis f
Tat; Untat	facinus,-oris n
leicht; willig	facilis,-e (Adv. facile)
Leichtigkeit; Bereitwilligkeit	+ facilitās,-ātis f
Möglichkeit, Fähigkeit	facultās,-ātis f
schwierig	difficilis,-e
Schwierigkeit	difficultās,-ātis f
Gestalt, Aussehen; Gesicht	faciēs,-ēī f
	- superficiēs,-ēī f
versehen mit	afficere, iō,-fēcī,-fectum
Zuneigung	° affectiō,-ōnis f
fertigmachen, vollenden	conficere
ausgehen; abfallen	dēficere

F	E	I	S
x présent,-e	x present	x presente	x presente
x la présence	x presence	la presenza	x la presencia
x présenter	x to present	x presentare	x presentar
x *représenter*	x *to represent*	x *rappresentare*	x *representar*
x et		x e	x e (vor i,hi-)/y
		x e ... e	
		x èstero,-a	
x extérieur,-e	exterior	esteriore	x exterior
x extrême	x extreme	x estremo,-a	x extremo,-a
l'extrémité	extremity	l'estremità	la extremidad
externe	external	x esterno,-a	externo,-a
x étranger,-ère	x strange(r)	x straniero,-a	x extranjero,-a
x *étrange sonderbar*	x *strange*	x *strano,-a*	x *extraño,-a*
exilé,-e	exile	l'èsule m	
l'exil m	exile	l'esilio m	
fabriquer		fabbricare	fabricar
x faire	x *factory Fabrik*	x fare	x hacer
x le fait	x fact	x il fatto	x el hecho
x *la façon*	x *fashion Mode*		
Art und Weise			
x facile		x fàcile	x fácil
la facilité	facility	la facilità	la facilidad
la faculté	faculty	la facoltà	la facultad
x difficile	x difficult	x diffìcile	x difícil
x la difficulté	x difficulty	x la difficoltà	x la dificultad
x la face	x face	x la faccia	
la surface	x surface	la superficie	la superficie
Oberfläche			
l'affection	affection	l'affezione	x la afección

bewirken; machen zu	efficere
wirksam	° efficāx,-ācis
töten	interficere
durchsetzen, vollenden	perficere
an die Spitze stellen, mit der Führung beauftragen	praeficere
Befehlshaber	praefectus,-ī m
Fortschritte machen; nützlich sein +	prōficere
aufbrechen, abreisen; hervorgehen aus	proficīscī,-fectus sum
wiederherstellen	reficere
genügen +	sufficere

täuschen; unbemerkt bleiben	fallere, fefellī	241

falsch, irrig	falsus,-a,-um (Adv.-ō)	
Hunger	famēs,-is f	242
Hausgemeinschaft, Familie	familia,-ae f	243
bekannt, vertraut	familiāris,-e	
Heiligtum, Tempel	fānum,-ī n	244
unheilig, ungeweiht +	profānus,-a,-um	
sprechen, sagen +	fārī	245
Götterspruch, Schicksal	fātum,-ī n	
vom Schicksal bestimmt; verhängnisvoll +	fātālis,-e	
unmündig; Kind +	īnfāns,-ntis	
göttliches Recht, Gebot	fās n indekl.	
Unrecht, Frevel	nefās n indekl.	
ruchlos, frevelhaft	nefārius,-a,-um	
Gerücht, (guter oder schlechter) Ruf	fāma,-ae f	
berühmt, berüchtigt °	fāmōsus,-a,-um	
berüchtigt, verrufen; schmählich +	īnfāmis,-e	
übler Ruf, Schande +	īnfāmia,-ae f	
Erzählung; Theaterstück	fābula,-ae f	
gestehen, bekennen	fatērī	
gestehen, bekennen	confitērī	
Geständnis, Bekenntnis +	confessiō,-ōnis f	
öffentlich erklären, bekennen	profitērī	
Bekenntnis; Gewerbe °	professiō,-ōnis f	

F	E	I	S
x *l'effet m*	x *effect*	x *l'effetto m*	x *el efecto*
efficace	efficacious	efficace	eficaz
x *parfait,-e*	x *perfect*	x *perfetto,-a*	x *perfecto,-a*
le préfet	prefect	il prefetto	el prefecto
le *profit*	x *profit*	il *profitto*	x *el provecho*
x suffire	*sufficient*	*sufficiente*	x *suficiente*
suffisant,-e genügend			
faillir (ver)fehlen	x *to fail fehlschlagen*	*fallire (ver)fehlen*	x *faltar versäumen*
x *falloir müssen*	x *failure Versagen*		
x *la faute Fehler*	x *fault*		x *la falta*
x faux,fausse	x false	x falso,-a	x falso,-a
x la faim		x la fame	x el hambre f
x la famille	x family	x la famiglia	x la familia
familier,-ère	x familiar	x fami(g)liare	x familiar
profane	*profane*	*profano,-a*	*profano,-a*
	x fate	il fato	el hado
fatal,-e	fatal	fatale	x fatal
x l'enfant m/f	infant		
	fame	la fama	x la fama
x fameux,-euse	x famous	x famoso,-a	x famoso,-a
infâme	infamous	infame	infame
l'infamie	infamy	l'infamia	la infamia
la fable	*fable*	*la favola*	*la fábula*
confesser	x to confess	confessare	x confesar
la confession	confession	la confessione	la confesión
professer	to profess	professare	profesar
la profession Beruf	x profession	la professione	x la profesión

Mehl	° farīna,-ae f	246
zermürben, ermüden	fatīgāre	247
ermüdet, erschöpft	fessus,-a,-um	
Schlund; Engpaß	faucēs,-ium f	248
gewogen sein, begünstigen	+ favēre, fāvī, fautum	249
Gunst, Beifall	+ favor,-ōris m	
	- favōrābilis,-e	
Fackel	fax, facis f	250
Fieber	+ febris,-is f	251
fruchtbar, ergiebig	+ fēcundus,-a,-um	252
erfolgreich, glücklich	fēlīx,-īcis	
Erfolg, Glück	+ fēlīcitās,-ātis f	
Frau; Weib(chen)	fēmina,-ae f	
weiblich	° fēmineus/fēminīnus,-a,-um	
abwehren, verteidigen	dē-fendere,-dī,-sum	253
Verteidiger	+ dēfēnsor,-ōris m	
Verteidigung	+ dēfēnsiō,-ōnis f	
anstoßen, angreifen; beleidigen	offendere	
Anstoß; Kränkung	° offēnsa,-ae f	
Fenster	+ fenestra,-ae f	254
ungefähr, fast; in der Regel	ferē/fermē Adv.	255
schlagen, stoßen	+ ferīre	256
tragen, bringen	ferre, ferō, tulī, lātum	257
eilen	ferrī	
fruchtbar	° fertilis,-e	
zufällig	forte Adv.	
vielleicht	fortasse Adv.	
zufällig	fortuītus,-a,-um (Adv.-ō)	
Schicksal, Glück	fortūna,-ae f	
Güter, Reichtum	fortūnae,-ārum f	
glücklich; wohlhabend	+ fortūnātus,-a,-um	
Diebstahl; Heimlichkeit	fūrtum,-ī n	
heimlich, verstohlen	° fūrtīvus,-a,-um	
wegtragen, wegbringen	auferre, abstulī, ablātum	
herbeitragen; melden	afferre, attulī, allātum	
zusammentragen; vergleichen	cōnferre, contulī, collatum	
sich begeben	sē cōnferre	

F	E	I	S
x la farine		la farina	x la harina
x *fatigué,-e müde*	to fatigue	faticare	fatigar
		le fauci	las fauces
favoriser	x to favour	favorire	x favorecer
x la faveur	x favour	x il favore	x el favor
x favorable günstig	x favourable	x favorévole	favorable
x la fièvre	x fever	x la febbre	x la fiebre
fécond,-e		fecondo,-a	fecundo,-a
		x felice	x feliz
la félicité	felicity	x la felicità	x la felicidad
Glück(seligkeit)			
x la femme Frau	x *female weiblich*	la fémmina	x la hembra
		Weibchen	Weib(chen)
féminin,-e	feminine	femminile	x femenino,-a
x défendre	x to defend	x difèndere	x defender
le défenseur	defender	il difensore	el defensor
la défense	x defence	x la difesa	x la defensa
offenser	x to offend	x offèndere	x ofender
l'offense	x offence	x l'offesa	la ofensa
x la fenêtre		x la finestra	
		x ferire	x herir
	x to bear		
fertile	fertile	fèrtile	x fértil
fortuit,-e		fortùito,-a	fortuito,-a
x la fortune	x fortune	x la fortuna	x la fortuna
fortuné,-e	x fortunate	fortunato,-a	afortunado,-a
furtif,-ve	furtive	furtivo,-a	furtivo,-a

to confer
verleihen

herabtragen; hinbringen		dēferre
aufschieben; sich unterscheiden		differre, distulī, dīlātum
Unterschied	°	differentia,-ae f
hinaustragen; herausheben		efferre, extulī, ēlātum
hineintragen; zufügen		īnferre, intulī, illātum
entgegenbringen, anbieten		offerre, obtulī, oblātum
hinbringen; ertragen		perferre
vorantragen; vorziehen	+	praeferre
hervorbringen; ausdehnen		prōferre
(zurück)bringen; berichten		referre, rettulī, relātum
Bericht; Beziehung	°	relātiō,-ōnis f
	–	relātīvus,-a,-um
ertragen, erdulden	°	sufferre
hinübertragen, übertragen		trānsferre

Eisen; Schwert		ferrum,-ī n	258
wild		ferus,-a,-um	259
wild; trotzig		ferōx,-ōcis	
eilen, sich beeilen		festīnāre	260
festlich		fēstus,-a,-um	261
Faser	°	fibra,-ae f	262
Feigenbaum, Feige	°	fīcus,-ī/-ūs f	263
trauen, vertrauen	+	fīdere, fīsus sum	264
treu, zuverlässig		fīdus,-a,-um	
vertrauen		confīdere	
Vertrauen, Zuversicht	°	cōnfīdentia,-ae f	
mißtrauen	+	diffīdere	
Treue, Vertrauen; Zusage		fidēs,-eī f	
treu, zuverlässig		fidēlis,-e	
treulos, falsch	+	perfidus,-a,-um	
Bündnis, Vertrag		foedus,-eris n	
werden; geschehen; gemacht werden		fierī, fīō, factus sum	265

	to defer *anheimstellen*		
différer	to defer/differ	differire	diferir
x *différent,-e* *verschieden*	x *different*	x *differente*	x *diferente*
x la différence	x difference	x la differenza	x la diferencia
	to infer folgern		
x offrir	x to offer	x off(e)rire	x ofrecer
x préférer	x to prefer	x preferire	x preferir
référer	to relate	riferire	x referir/relatar
se référer *sich beziehen*	x *to refer*	*riferirsi*	x *referirse*
la relation	x relation	la relazione	x la relación
relatif,-ve	x relative	relativo,-a	relativo,-a
x souffrir	x to suffer	x soffrire	x sufrir
transférer	to transfer	trasferire	transferir
	x *to translate* *übersétzen*		
x le fer		x il ferro	x el hierro
x *fier,-ère stolz*	fierce	x *fiero,-a*	fiero,-a
féroce	ferocious	feroce	feroz
x *la fête Fest*	*feast Fest(mahl)*	x *la festa Fest*	x *la fiesta Fest*
la fibre	fibre	la fibra	la fibra
la figue	fig	il fico	el higo
se fier		fidarsi	x fiarse
x confier (an)vertrauen	to confide	x confidare	x confiar
x la confiance	x confidence	la confidenza	x la confianza
se défier	*to defy* *herausfordern*	diffidare	desconfiar
x la foi	x faith	x la fede	x la fe
x fidèle		x fedele	x fiel
perfide	perfidious	pèrfido,-a	pérfido,-a
fédéral,-e *Bundes-*	*federal*	*federale*	*federal*

anheften; durchbohren	**fīgere**, fīxī, fīxum	266
anheften, befestigen	+ affīgere	
Sohn	**fīlius**,-iī m	267
Tochter	fīlia,-ae f	
Faden	° **fīlum**,-ī n	268
spalten	+ **findere**, fidī, fissum	269
formen, bilden; erdichten	**fingere**, fīnxī, fictum	270
Gestalt	figūra,-ae f	
Grenze, Ende, Ziel	**fīnis**,-is m	271
Gebiet	fīnēs,-ium m	
	- fīnālis,-e	
benachbart; verwandt	fīnitimus,-a,-um	
begrenzen, beendigen	fīnīre	
unendlich; unbestimmt	īnfīnītus,-a,-um	
abgrenzen, bestimmen	+ dēfīnīre	
Festsetzung, Definition	° dēfīnītiō,-ōnis f	
fest, stark	**firmus**,-a,-um	272
schwach, krank	īnfirmus,-a,-um	
Schwäche, Krankheit	° īnfirmitās,-ātis f	
befestigen, stärken, sichern	firmāre	
bekräftigen, bestätigen, behaupten	affirmāre	
stärken; bekräftigen	cōnfirmāre	
Schande; Schandtat	**flāgitium**,-iī n	273
Flamme	**flamma**,-ae f	274
entflammen, anzünden	īnflammāre	
blasen	° **flāre**	275
anblasen, aufblasen	+ cōnflāre/īnflāre	
biegen, beugen; lenken	**flectere**,-xī,-xum	276
biegsam	° flexibilis,-e	
zurückbeugen; abwenden	° reflectere	
weinen	**flēre**,-ēvī,-ētum	277
niederschlagen, bedrücken	af-**flīgere**,-flīxī,-flīctum	278
zusammenstoßen, kämpfen	cōnflīgere	
Blüte, Blume	**flōs**, flōris m	279
blühen	flōrēre,-uī	
fließen, strömen	**fluere**, flūxī	280
Flut, Strömung	flūctus,-ūs m	

F	E	I	S
x fixer	x to fix	fissare	x fijar
afficher	to affix	affìgere	
anschlagen, bekanntmachen			
x le fils		x il figlio	x el hijo
x la fille		x la figlia	x la hija
x le fil		x il filo	x el hilo
fendre		féndere	hender
feindre vorgeben	*to feign*	*fìngere*	x *fingir*
x la figure	x figure	la figura	x la figura
x la fin	*fine Geldstrafe*	x la fine Ende,Ziel	x el fin
		x il fine Zweck,Ziel	
final,-e End-	x final	finale	final
x finir	x to finish	x finire	
x infini,-e	infinite	x infinito,-a	infinito,-a
définir	to define	definire	definir
la définition	definition	la definizione	la definición
ferme	x firm	x fermo,-a	x firme
infirme	infirm	infermo,-a	x enfermo,-a
l'infirmité	infirmity	l'infermità	x la enfermedad
x *fermer schließen*			
x affirmer	to affirm	x affermare	x afirmar
confirmer	to confirm	confermare	x confirmar
la flamme	x flame	la fiamma	x la llama
enflammer	to inflame	infiammare	inflamar
x souffler	x to blow	soffiare	x soplar
gonfler	to inflate	gonfiare	inflar
fléchir			
flexible	flexible	flessìbile	flexible
x *réfléchir*	*to reflect*	x *riflèttere*	x *reflexionar*
überlegen, nachdenken			
affliger	to afflict	afflìgere	afligir
le conflit	*conflict*	*il conflitto*	*el conflicto*
x la fleur	x flower	x il fiore	x la flor
fleurir	to flourish	fiorire	x florecer
		fluire	fluir
le flot		il flusso	el flujo

Strom, Fluß	flūmen,-inis n	
Fluß	+ fluvius,-iī m	
hineinfließen	+ īnfluere	
Feuerstätte, Herd	+ focus,-ī m	281
häßlich, scheußlich	foedus,-a,-um	282
Blatt (der Pflanze)	+ folium,-iī n	283
Quelle; Ursprung	fōns, fontis m	284
Tür	+ forēs,-ium f	285
draußen, auswärts	+ forīs Adv.	
nach draußen, hinaus	+ forās Adv.	
Form, Gestalt	fōrma,-ae f	286
Maßstab; Formel	° fōrmula,-ae f	
formen, gestalten	+ fōrmāre	
formen, gestalten	° īnfōrmāre	
Darlegung	° īnfōrmātiō,-ōnis f	
umgestalten	° refōrmāre	
umgestalten, verwandeln	° trānsfōrmāre	
Furcht; Schreckbild	formīdō,-inis f	287
stark, mutig; tapfer	fortis,-e	288
Markt(platz); Öffentlichkeit	forum,-ī n	289
Graben	fossa,-ae f	290
brechen	frangere, frēgī, frāctum	291
zerbrechlich, gebrechlich	+ fragilis,-e	
Abstimmung; Wahlrecht	suffrāgium,-iī n	
Bruder	frāter,-tris m	292
brüderlich	° frāternus,-a,-um	
Täuschung, Betrug; Schaden	fraus, fraudis f	293
vergeblich; grundlos	frūstrā Adv.	
täuschen; vereiteln	+ frūstrārī	
Zügel	+ frēnum,-ī n	294
zügellos	+ effrēnātus,-a,-um	

F	E	I	S
		x il fiume	
le fleuve			
l'influence f	x influence	l'influenza f	x la influencia
Einfluß			
x le feu Feuer	focus Brennpunkt	x il fuoco Feuer	x el fuego Feuer
x le foyer			
Heim,Herd;Foyer			
x la feuille		x la foglia	x la hoja
la fontaine	fountain	x la fonte	x la fuente
Brunnen			
	x door		
x dehors		x fuori	x fuera
x la forêt Wald	x forest	x la foresta	
x 'hors außer,mit	x foreign auslän-		
Ausnahme von	disch;fremd		
x dehors		x fuori	afuera
x la forme	x form	x la forma	x la forma
la formule	formula	la fòrmula	la fórmula
x former	x to form	x formare	x formar
informer	x to inform	informare	x informar
l'information	x information	l'informazione	x la información
réformer	x to reform	riformare	reformar
x transformer	to transform	trasformare	x transformar
formidable	formidable	formidàbile	formidable
furchtbar, schrecklich			
x fort,-e		x forte	x fuerte
x la force Kraft	x force	x la forza	x la fuerza
le fossé		il fosso	el foso
	x to break		
la fraction	fraction	la frazione	la fracción
Bruch(teil)			
fragile	fragile	fràgile	frágil
le suffrage	suffrage	il suffragio	el sufragio
x le frère	x brother	x il fratello	
fraternel,-le	fraternal	fraterno,-a	fraternal
la fraude	fraud	la frode	el fraude
frustrer	to frustrate	frustrare	frustrar
le frein Bremse		il freno	el freno
effréné,-e		sfrenato,-a	desenfrenado,-a

dicht besetzt, zahlreich	frequēns,-ntis	295
zahlreicher Besuch, Menge	+ frequentia,-ae f	
oft besuchen	° frequentāre	
Kälte	frīgus,-oris n	296
kalt	frīgidus,-a,-um	
Laub	frōns, frondis f	297
Stirn; Vorderseite, Front	frōns, frontis f	298
genießen	fruī, frūctus sum	299
Frucht, Ertrag; Nutzen	frūctus,-ūs m	
Feldfrüchte	frūgēs,-um f	
Getreide	frūmentum,-ī n	
fliehen, meiden	fugere,-iō, fūgī, fugitūrus	300
Flucht	fuga,-ae f	
flüchtig, entlaufen	+ fugitīvus,-a,-um	
entkommen	effugere	
flüchten	profugere	
sich flüchten	° refugere	
Zuflucht(sort)	° refugium,-iī n	
Überläufer	+ trānsfuga,-ae m	
Blitz	fulmen,-inis n	301
Rauch, Dampf	+ fūmus,-ī m	302
rauchen, dampfen	° fūmāre	
gießen, ausgießen, zerstreuen	fundere, fūdī, fūsum	303
zusammengießen; verwirren	+ cōnfundere	
Verwirrung	° cōnfūsiō,-ōnis f	
zerstreuen, verbreiten	+ diffundere	
ausgießen, ausschütten	effundere	
Boden; Grundstück	fundus,-ī m	304
gründen, befestigen	° fundāre	
Grundlage	+ fundāmentum,-ī n	
tief	+ profundus,-a,-um	
verrichten, verwalten	fungī, fūnctus sum	305
Begräbnis; Untergang	fūnus,-eris n	306
Gabel	° furca,-ae f	307

F	E	I	S
fréquent,-e	x frequent	frequente	x frecuente
la fréquence	frequency	la frequenza	la frecuencia
fréquenter	to frequent	frequentare	frecuentar
x le froid		x il freddo	x el frío
x froid,-e		x freddo,-a	x frío,-a
x le front	x front	x la fronte Stirn	x la frente Stirn
		x il fronte Front	x el frente Front
x le fruit	x fruit	x il frutto	x el fruto
		x la frutta Obst	x la fruta Obst
x fuir		x fuggire	x huir
		x la fuga	la fuga
fugitif,-ve	fugitive	fuggitivo,-a	fugitivo,-a
x s'enfuir			
x se réfugier		rifugiarsi	refugiarse
le refuge	refuge	il rifugio	el refugio
le transfuge			
		il fùlmine	
x la fumée	fume	x il fumo	x el humo
x fumer	to fume	x fumare	x fumar
x *fondre*	*to found*	x *fóndere*	*fundir*
gießen, schmelzen			
x confondre	to confound	x confóndere	x confundir
x *confus,-e*	x to confuse	*confuso,-a*	*confuso,-a*
verwirrt			
la confusion	x confusion	x la confusione	x la confusión
diffuser	to diffuse	diffóndere	difundir
x le fond	x bottom	x il fondo	x el fondo
x fonder	to found	x fondare	x fundar
le fondement	foundation	il fondamento	x el fundamento
x profond,-e	profound	x profondo,-a	x profundo,-a
la fonction	*function*	*la funzione*	*la función*
les funérailles f	funeral	il funerale	el funeral
			los funerales
x la fourchette	x fork	x la forchetta	la horca

Raserei, Wut	furor,-ōris m	308
Raserei; Furie	° furia,-ae f	
rasend, wütend	° furiōsus,-a,-um	
sich freuen	gaudēre, gavīsus sum	309
Freude, Vergnügen	gaudium,-iī n	
Kälte, Frost	+ gelū,-ūs n	310
kalt, eisig	gelidus,-a,-um	
Eis	+ glaciēs,-ēī f	
seufzen, stöhnen	gemere,-uī,-itum	311
Zwillings-, doppelt; Zwilling	geminus,-a,-um	312
Knospe; Edelstein	+ gemma,-ae f	313
Schwiegersohn	gener,-erī m	314
Knie	+ genū,-ūs n	315
Vermessungstechnik, Geometrie	° geōmetria,-ae f	316
tragen, führen, ausführen	gerere, gessī, gestum	317
sich verhalten	sē gerere	
Haltung, Gebärde	° gestus,-ūs m	
Damm	agger,-eris m	
aufhäufen; steigern	° exaggerāre	
zerteilen	+ dīgerere	
anfügen; an die Hand geben	° suggerere	
erzeugen, hervorbringen	gignere, genuī, genitum	318
Sippe, Geschlecht; Stamm, Volk	gēns, gentis f	
Sippen-; zum Volksstamm gehörig	° gentīlis,-e	
ungeheuer, gewaltig	ingēns,-ntis	
Geschlecht; Gattung, Art	genus,-eris n	
allgemein	° generālis,-e	
edel	+ generōsus,-a,-um	
erzeugen	generāre	
entarten	° dēgenerāre	
Schutzgeist	° genius,-iī m	
Anlage, Begabung	ingenium,-iī n	
begabt, fähig	° ingeniōsus,-a,-um	

la fureur		il furore	el furor
la furie	fury	la furia	la furia
x furieux,-euse	furious	x furioso,-a	furioso,-a
x jouir	x to enjoy	godere	x gozar
x la joie	x joy	x la gioia	el gozo
			x la joya Juwel
la gelée		x il gelo	x el hielo
	x cold		
x la glace		x il ghiaccio	
gémir		gèmere	gemir
les jumeaux m		i gemelli	los gemelos
Zwillinge			
	gem	la gemma	la yema
le gendre		il gènero	el yerno
x le genou	x knee	il ginocchio	
la géométrie	geometry	la geometrìa	la geometrìa
gérer verwalten			
x le geste	gesture	x il gesto	x el gesto
exagérer	to exaggerate	esagerare	x exagerar
übertreiben			
digérer verdauen	to digest	digerire	digerir
suggérer	x to suggest	suggerire	sugerir
nahelegen	x suggestion Rat		
x les gens m(f)		la gente	x la gente
Leute			
x gentil,-le	x gentle	gentile	gentil
nett,lieb	sanft	liebenswürdig	hübsch,artig
x le genre		il gènere	x el género
x général,-e	x general	generale	x general
généreux,-euse	x generous	generoso,-a	x generoso,-a
dégénérer	to degenerate	degenerare	degenerar
le génie	genius	il genio	x el genio
Geist, Genie			
	x engine Maschine	l'ingegno m	el ingenio
x l'ingénieur m	engineer	l'ingegnere m	x el ingeniero
ingénieux,-euse	ingenious	ingegnoso,-a	ingenioso,-a

Schwert	gladius,-iī m	319
Gladiator	+ gladiātor,-ōris m	
Kugel	+ globus,-ī m	320
Ruhm	glōria,-ae f	321
ruhmvoll	+ glōriōsus,-a,-um	
sich rühmen	glōriārī	
unwissend, unkundig	ī-gnārus,-a,-um	322
nicht wissen, nicht kennen	īgnōrāre	
erzählen	nārrāre	
Schritt; Stufe, Rang	gradus,-ūs m	323
angreifen	aggredī,-ior,-gressus sum	
Zusammenkunft	+ congressus,-ūs m	
herausgehen, hinausgehen	ēgredī	
einhergehen; betreten	ingredī	
hervorkommen; vorrücken	prōgredī	
hinübergehen; überschreiten	+ trānsgredī	
Sprachkunde, Grammatik	° grammatica,-ae f (ars)	324
groß; alt; bedeutend	grandis,-e	325
Korn; Kern	° grānum,-ī n	326
	- grānārium,-iī n	
angenehm; dankbar	grātus,-a,-um	327
Anmut; Gunst; Dank	grātia,-ae f	
um ... willen, wegen	grātiā m.Gen.	
beliebt	° grātiōsus,-a,-um	
beglückwünschen	+ (con)grātulārī	
unangenehm; undankbar	+ ingrātus,-a,-um	
schwer, gewichtig	gravis,-e	328
Gewicht, Bedeutung, Würde	gravitās,-ātis f	
Herde, Schar	grex, gregis m	329
hervorragend, ausgezeichnet	ēgregius,-a,-um	
steuern, lenken	gubernāre	330
Kehle, Schlund	+ gula,-ae f	331
Strudel; Abgrund	+ gurges,-itis m	332

le globe	globe	il globo	el globo
x la gloire	x glory	x la gloria	x la gloria
glorieux,-euse	x glorious	glorioso,-a	glorioso,-a
		gloriarsi	gloriarse
x ignorer	to ignore	ignorare	x ignorar
			narrar
x le degré/grade	x degree/grade	il grado	x el grado
l'agresseur m	aggressor	l'aggressore m	el agresor
Angreifer			
le congrès	congress	il congresso	el congreso
x le progrès	x progress	x il progresso	x el progreso
Fortschritt			
transgresser	to transgress	trasgredire	transgredir
la grammaire	grammar	la grammàtica	la gramática
x grand,-e	x grand	x grande	x gran(de)
le grain	x grain	x il grano	x el grano
x le grenier	granary	il granaio	el granero
(Korn-)Speicher			
	grateful	grato,-a	x grato,-a
x la grâce	grace	x la grazia	x la gracia
x grâce à dank		x grazie danke	x las gracias Dank
gracieux,-euse	graceful	grazioso,-a	x gracioso,-a
anmutig			
	to congratulate	congratularsi	congratular
ingrat,-e	ungrateful	ingrato,-a	ingrato,-a
x grave	grave	x grave	x grave
la gravité	gravity	la gravità	la gravedad
		il gregge	
gouverner	x to govern	governare	x gobernar
x le gouvernement	x government	x il governo	x el gobierno
Regierung(sform)			
la gueule		x la gola	
Maul,Rachen		Kehle;Schlucht	
x la gorge	gorge Schlucht		x la garganta
Kehle;Schlucht			Kehle;Schlucht

kosten, genießen	+ gustāre	333
Geschmack	° gustus,-ūs m	
Tropfen	° gutta,-ae f	334
haben, halten	habēre,-uī,-itum	335
Haltung; Zustand; Kleidung	habitus,-ūs m	
	- habitūdō,-inis f	
wohnen, bewohnen	habitāre	
handlich, geeignet	° habilis,-e	
	- habilitās,-ātis f	
anwenden; hinzuziehen	adhibēre	
festhalten, zurückhalten	cohibēre	
verdanken, schulden, müssen	dēbēre	
Schuld, Verpflichtung	° debitum,-ī n	
herausgeben, zeigen	+ exhibēre	
hinhalten, gewähren	praebēre	
sich erweisen als	sē praebēre	
abhalten, hindern, verhindern	prohibēre	
hängen, steckenbleiben	haerēre, haesī	336
hängenbleiben; unschlüssig sein	° haesitāre	
Sand; Kampfplatz	(h)arēna,-ae f	337
nicht	haud	338
schöpfen; ausschöpfen, erschöpfen	(ex)haurīre,-sī,-stum	339
Pflanze; Kraut, Gras	herba,-ae f	340
Erbe; Erbin	hērēs,-ēdis m/f	341
Erbschaft	+ hērēditās,-ātis f	
gestern	herī Adv.	342
dieser (hier)	hic, haec, hoc	343
hier	hīc Adv.	
von hier, daher; von jetzt an	hinc Adv.	
hierher, hierzu	hūc Adv.	
bis jetzt; immer noch	adhūc Adv.	
Winter; Unwetter	hiems,-is f	344
Winterlager	hiberna,-ōrum n (castra)	

F	E	I	S
goûter		gustare	x gustar
x le goût		x il gusto	x el gusto
x la goutte		x la goccia	x la gota
x avoir	x to have	x avere	x haber *(Hilfsverb)*
x *l'habit Gesell-schaftsanzug; Pl. Kleider*	x *habit Gewohnheit*	x *l'àbito Kleid,Anzug*	x *el hábito Gewohnheit*
x l'habitude Gewohnheit		x l'abitùdine	la habitud
x l'attitude Haltung	attitude		
x habiter	to inhabit	x abitare	x habitar
habile fähig	x able	x àbile	hábil
l'habileté Geschicklichkeit	x ability	l'abilità	la habilidad
x devoir		x dovere	x deber
x *le devoir Pflicht*	x *duty*	x *il dovere*	x *el deber*
la dette	x debt	il dèbito	x la deuda
	x *due fällig*		
	to exhibit		
prohiber verbieten	*to prohibit*	x *proibire*	x *prohibir*
x hésiter	x to hesitate	x esitare	
l'arène	arena	l'arena	x la arena
	to exhaust	esaurire	
x l'herbe	herb	x l'erba	x la hierba/yerba
l'héritier,-ère	x heir	l'erede	el/la heredero/-a
l'héritage m	heritage	l'eredità f	la herencia
x hier	x yesterday	x ieri	x ayer
x l'hiver m		x l'inverno m	x el invierno

Forschung; Geschichte, Erzählung	historia,-ae f	345
Mensch	homō,-inis m	346
niemand	nēmō	
(un)menschlich; (un)gebildet	(in)hūmānus,-a,-um	
Menschlichkeit; Bildung	hūmānitās,-ātis f	
Ehre; Ehrenamt	honōs,-ōris m	347
angesehen; anständig	honestus,-a,-um	
Ansehen; Ehrenhaftigkeit	honestās,-ātis f	
ehren	° honōrāre	
Stunde	hōra,-ae f	348
starren, schaudern	horrēre,-uī	349
Schrecken, Schauder	+ horror,-ōris m	
starrend; entsetzlich	horridus,-a,-um	
entsetzlich	+ horribilis,-e	
zurückschrecken; abweichen	+ abhorrēre	
ermuntern, ermahnen	(co/ex)hortārī	350
Garten	+ hortus,-ī m	351
Schar; Kohorte	cohors,-tis f	
(Landes-)Feind	hostis,-is m	352
feindlich	+ hostīlis,-e	
Gastfreund: Gast(geber); Fremder	hospes,-itis m	
gastfreundlich; des Gastfreundes	° hospitālis,-e	
Boden, Erde	humus,-ī f	353
auf dem Boden	humī	
niedrig, unbedeutend; demütig	humilis,-e	
Niedrigkeit; Unterwürfigkeit	° humilitās,-ātis f	
werfen, schleudern	iacere,-iō, iēcī, iactum	354
hin und her werfen, schleudern; rühmen	iactāre	
wegwerfen	abicere,-iō,-iēcī,-iectum	
hinzufügen	adicere	
(zusammen)werfen; vermuten	conicere	
Vermutung	+ coniectūra,-ae f	
herabwerfen, vertreiben	dēicere	
hinauswerfen, vertreiben	ēicere	
hineinwerfen, einflößen	inicere	

F	E	I	S
x l'histoire	x history x story	x la storia	x la historia
x l'homme; _on_ man		x l'uomo	x el hombre
x (in)humain,-e	x (in)human	x (in)umano,-a	x (in)humano,-a
x l'humanité	humanity	x l'umanità	la humanidad
x l'honneur	x honour	x l'onore	x el honor
x honnête	x honest	x onesto,-a	honesto,-a
l'honnêteté	honesty	l'onestà	la honestidad
honorer	x to honour	onorare	x honrar
x l'heure	x hour	x l'ora	x la hora
x l'horreur f	horror	x l'orrore m	el horror
	horrid	òrrido,-a	
x horrible	horrible	orrìbile	x horrible
abhorrer	to abhor	aborrire	aborrecer
exhorter	to exhort	esortare	exhortar
x le jardin	x garden x _yard_ Hof	x il giardino l'orto Gemüse- garten	x el jardin x el huerto Baumgarten
x _la cour_ _Hof, Gericht(shof)_	x _court_	x _la corte_	_la corte_
hostile	hostile	ostile	hostil
l'hôte	host	x l'òspite	x el huésped
x _l'hôtel m_	x _hotel_		x _el hotel_
x _l'hôpital m_	x _hospital_	x _l'ospedale_	x _el hospital_
humble	x humble	ùmile	x humilde
l'humilité	humility	l'umiltà	la humildad
x jeter		gettare	x echar
la conjecture	conjecture	la congettura	la conjetura
injecter _einspritzen_	_to inject_	_iniettare_	_inyectar_

entgegenwerfen, vorwerfen	obicere	
	- obiectiō,-ōnis f	
hinwerfen, preisgeben	prōicere	
zurückwerfen, zurückweisen	rēicere	
unterwerfen	subicere	
	- subiectum,-ī n	
hinüberwerfen, übersetzen	trāicere	
liegen	iacēre,-ui	
treffen, schlagen	Īcere, Īcī, ictum	355
Schlag, Stoß	ictus,-ūs m	
geeignet	idōneus,-a,-um	356
untätig, feig	Īgnāvus,-a,-um	357
Feuer	ignis,-is m	358
jener (dort)	ille, illa, illud	359
dort	illīc Adv.	
dorthin	illūc Adv.	
einst	ōlim Adv.	
weiter; jenseits, über ... hinaus	ultrā Adv./Präp.m.Akk.	
weiter entfernt, jenseitig	ulterior,-ius	
äußerster, letzter	ultimus,-a,-um	
hinüber; noch dazu; freiwillig	ultrō Adv.	
Bild, Abbild	imāgō,-inis f	360
sich vorstellen	° imāginārī	
	- imāginātiō,-ōnis f	
nachahmen	imitārī	
Nachahmung	° imitātiō,-ōnis f	
schwach, kraftlos	+ imbecillus,-a,-um	361
Regenguß, Regen	imber,-bris m	362
ungeheuer, riesig, schrecklich	immānis,-e	363
im Gegenteil; ja sogar	immō Adv.	364
in, auf, nach, gegen	in m.Akk.	365
in, auf, an, bei	in m.Abl.	
zwischen, unter, während	inter m.Akk.	

F	E	I	S
x l'objet m Gegenstand	x object	x l'oggetto m	x el objeto
l'objection Einwand	x objection	l'obiezione	la objeción
x le projet Plan	project	x il progetto	x el proyecto
rejeter	to reject	rigettare	
sujet,-ette unterworfen	x subject	soggetto,-a	sujeto,-a
x le sujet Gegenstand, Thema	x subject	x il soggetto	x el sujeto
		giacere	yacer (im Grabe) liegen
		idòneo,-a	idóneo,-a
x il,elle er,sie		x egli er	x él,ella,ello er,sie,es
x le,la der,die		x il,lo;la der;die	x el,la,lo der,die,das
ultérieur,-e			
ultime	ultimate	x ùltimo,-a	x último,-a
x l'image	image	x l'immàgine	x la imagen
x imaginer	x to imagine	x immaginare	x imaginar
x l'imagination Einbildung(skraft)	imagination	l'immaginazione	la imaginación
x imiter	to imitate	x imitare	x imitar
l'imitation	imitation	l'imitazione	la imitación
imbécile schwachsinnig		imbecille	imbécil
x en	x in	x in	x en
x en	x into	x in	
x entre			x entre

inzwischen, einstweilen		interim Adv.
inzwischen, unterdessen		intereā Adv.
manchmal, bisweilen		interdum Adv.
innerhalb		intrā m.Akk.
innerer		interior,-ius
innerster, vertrautester		intimus,-a,-um
eintreten, betreten	+	intrāre
innen, einheimisch	°	internus,-a,-um
inwendig, innerlich	+	intestinus,-a,-um
leer; nichtig		inānis,-e	366
nachsichtig sein, nachgeben	+	indulgēre,-sī,-tum	367
unten befindlich		īnferus,-a,-um	368
unterer, tiefer		īnferior,-ius
unterster, tiefster		īnfimus,-a,-um
(Götter der) Unterwelt		īnferī,-ōrum m
unterirdisch	+	īnfernus,-a,-um
gefährlich, feindlich		īnfēstus,-a,-um	369
sage ich, sagte ich ...		inquam, inquis, inquit	370
Insel		īnsula,-ae f	371
Vermittler, Erklärer, Dolmetscher		interpres,-etis m	372
übersetzen, auslegen		interpretārī
Auslegung, Erklärung	°	interpretātiō,-ōnis f
Scherz		iocus,-ī m	373
scherzen	°	iocārī
Zorn, Wut		īra,-ae f	374
zornig, erzürnt		īrātus,-a,-um
gehen		īre, eō, iī, itum	375
Reise, Marsch; Weg		iter, itineris n
weggehen		abīre
herangehen, aufsuchen		adīre
Zugang, Zutritt		aditus,-ūs m
Bewerbung; Ehrgeiz		ambitiō,-ōnis f
ehrgeizig	°	ambitiōsus,-a,-um
Umlauf; Umfang	+	circuitus,-ūs m
Zusammenkunft, Versammlung		coetus,-ūs m
Begleiter, Gefährte		comes,-itis m

		x entro	
x intérieur,-e	interior	interiore	x interior
x intime	intimate	x ìntimo,-a	x ìntimo,-a
x entrer	x to enter	x entrare	x entrar
x l'entrée f Eingang	x entrance	x l'entrata f	x la entrada
interne	internal	interno,-a	interno,-a
l'intestin m Darm	intestine	l'intestino m	
indulgent,-e nachsichtig	indulgent	indulgente	indulgente
x inférieur,-e	x inferior	x inferiore	x inferior
infernal,-e höllisch	infernal	infernale	infernal
l'île	isle	l'ìsola	x la isla
l'interprète	interpreter	l'intèrprete	el intérprete
interpréter	to interpret	interpretare	interpretar
l'interprétation	interpretation	l'interpretazione	la interpretación
x le jeu Spiel	x joke	x il gi(u)oco	x el juego
x jouer spielen	x to joke	x gi(u)ocare	x jugar
		l'ira	x la ira
		adirato,-a	airado,-a
x j'irai (Futur)			x ir
l'itinéraire m Reiseroute, -weg		l'itinerario m	el itinerario
l'ambition	ambition	l'ambizione	la ambición
ambitieux,-euse	ambitious	ambizioso,-a	ambicioso,-a
le circuit	circuit	il circùito	el circuito
le comte Graf	count	il conte	el conde

begleiten   comitārī
Volksversammlung; Wahlen   comitia,-ōrum n
herausgehen, ausrücken   exīre
Ausgang; Ergebnis   exitus,-ūs m

Untergang, Verderben   exitium,-iī n
hineingehen; beginnen   inīre
Anfang, Beginn   initium,-iī n
zugrunde gehen   interīre
aufsuchen; übernehmen; sterben   obīre
zugrunde gehen, verlorengehen   perīre
Prätor   praetor,-ōris m
Amt des Prätors   praetūra,-ae f
vorbeigehen; übergehen   praeterīre
vergangen   praeteritus,-a,-um
zurückkehren   redīre
Rückkehr   reditus,-ūs m
Aufruhr, Zwist   sēditiō,-ōnis f
herangehen; auf sich nehmen, erdulden   subīre
plötzlich   subitus,-a,-um

plötzlich   subitō Adv.
hinübergehen, überschreiten   trānsīre
Übergang, Durchgang   +   trānsitus,-ūs m
(nicht) können   (ne)quīre,-eō,-īvī
reizen   +   _irritāre_   376
dieser; er   _is_, ea, id   377
dieser (bei dir), der da   iste, ista, istud
derselbe   īdem, eadem, idem
selbst   ipse, ipsa, ipsum
deshalb   idcircō Adv.
dahin, dorthin   eō Adv.
so sehr   adeō Adv.
deswegen   ideō Adv.
da, dort   ibī Adv.
von da, von dort; daher   inde Adv.
darauf, dann   dein/deinde Adv.
gleich darauf; wiederholt   °   subinde Adv.

		x uscire	
	exit	x l'èsito	x el éxito
l'issue f	x issue		
Ausgang (einer Sache)			
		l'inizio m	
périr	to perish	perire	x perecer
x subir		x subire	x subir steigen
subit,-e		sùbito,-a	x súbito,-a
x soudain,-e	x sudden	subitàneo,-a	
		x sùbito sofort	
le transit	transit	il trànsito	x el trànsito
			Verkehr
irriter	to irritate	irritare	irritar
			x este,esta,esto
l'identité f	identity	x l'identità	la identidad

x y

x en

x souvent oft

schon, nunmehr	iam Adv.
nicht mehr	nōn iam
so	ita Adv.
deshalb	itaque
ebenso	item Adv.
zum zweitenmal, wiederum	iterum Adv.
befehlen	iubēre, iussī, iussum 378
auf Befehl	iussū (Abl.)
verbinden	iungere, iūnxī, iūnctum 379

Joch; Bergkamm	iugum,-ī n
anschließen, hinzufügen	adiungere
verbinden, vereinigen	coniungere
Gatte; Gattin	coniux,-ugis m/f
daneben, gleich; nahe bei	iuxtā Adv./Präp.m.Akk.
Recht	iūs, iūris n (1) 380
Rechtsprechung, Gerichtsbarkeit	° iūrisdictiō,-ōnis f
Unrecht, Ungerechtigkeit	iniūria,-ae f

gerecht	iūstus,-a,-um
Gerechtigkeit	iūstitia,-ae f
ungerecht	+ iniūstus,-a,-um
Ungerechtigkeit	° iniūstitia,-ae f
	– iūstificāre

schwören	iūrāre
Eid	iūs iūrandum
sich verschwören	+ coniūrāre

Verschwörung	coniūrātiō,-ōnis f
Meineid	° periūrium,-iī n
Richter	iūdex,-icis m
Urteil, Gericht	iūdicium,-iī n
Vorentscheidung	° praeiūdicium,-iī n

urteilen, beurteilen, entscheiden	iūdicāre
Brühe, Suppe	° iūs, iūris n (2) 381
erfreuen; unterstützen, helfen	iuvāre, iūvī, iūtum 382
unterstützen, helfen	adiuvāre

F	E	I	S
x déjà		x già	x ya
x joindre	x to join	x giùngere	x juntar
	x *joint gemeinsam*		
le joug	yoke	il giogo	el yugo
adjoindre	*to adjoin angrenzen*	aggiùngere	adjuntar
		congiùngere	
la jurisdiction	jurisdiction	la giurisdizione	la jurisdicción
l'injure	*injury*	*l'ingiuria*	*la injuria*
Beleidigung			
x juste	x just	x giusto,-a	x justo,-a
x la justice	x justice	x la giustizia	x la justicia
injuste	unjust	ingiusto,-a	injusto,-a
l'injustice	injustice	l'ingiustizia	la injusticia
justifier	x to justify	giustificare	justificar
rechtfertigen			
x jurer		x giurare	x jurar
		il giuramento	el juramento
se conjurer	*to conjure*	congiurare	conjurarse
conjurer beschwören			
la conjuration		la congiura	la conjuración
le parjure	perjury		el perjurio
x le juge	x judge	il giùdice	x el juez
le jugement	x judg(e)ment	il giudizio	x el juicio
le préjugé	x prejudice	il pregiudizio	x el prejuicio
Vorurteil			
le préjudice			
Nachteil			
x juger	x to judge	giudicare	x juzgar
le jus Saft	x juice Saft		

unterstützen, fördern	° adiūtāre	
erfreulich, angenehm	iūcundus,-a,-um	
jung; junger Mann	iuvenis,-e	383
jünger	+ iūnior	
Jugend	iuventus,-ūtis f	
Monatserster, Kalenden	+ Kalendae,-ārum f	384
gleiten, fallen	lābī, lāpsus sum	385
Gleiten, Sturz, Fehltritt	+ lāpsus,-ūs m	
(weg)gleiten	dīlābī	
entgleiten	+ ēlābī	
Anstrengung, Arbeit, Mühe	labor,-ōris m	386
mühsam, beschwerlich	° labōriōsus,-a,-um	
sich anstrengen, arbeiten; leiden	labōrāre	
ausarbeiten	° ēlabōrāre	
Lippe	+ labrum,-ī n	387
Milch	+ lac, lactis n	388
zerreißen, zerfleischen	lacerāre	389
reizen, herausfordern	lacessere,-īvī,-ītum	390
Wonne, Vergnügen	+ dēliciae,-ārum f	
köstlich; verwöhnt	+ dēlicātus,-a,-um	
erfreuen, entzücken	+ dēlectāre	
Träne	lacrima,-ae f	391
See	lacus,-ūs m	392
verletzen	laedere,-sī,-sum	393
üppig; fröhlich	laetus,-a,-um	394
Freude, Fröhlichkeit	laetitia,-ae f	
sich freuen	laetārī	
wehklagen	° lāmentārī	395
Wehklagen	° lāmentātiō,-ōnis f	
Leuchter	° lampas,-adis f	396
Wolle	° lāna,-ae f	397
Lanze	° lancea,-ae f	398
schlaff, matt	languidus,-a,-um	399
lockern	+ (re)laxāre	

F	E	I	S
x aider	to aid	x aiutare	x ayudar
x jeune	x young junior	x (il/la) gióvane	x (el/la) joven
x la jeunesse	x youth	x la gioventù x la giovinezza	x la juventud
le calendrier *Kalender*	*calendar*	*il calendario*	*el calendario*
	lapse		
	to elapse vergehen		
	x labour	x il lavoro	x la labor
laborieux,-euse	*laborious*	*laborioso,-a*	*laborioso,-a*
labourer pflügen	*to labour*	x lavorare	*labrar*
élaborer	*to elaborate*	*elaborare*	*elaborar*
x la lèvre	x lip	il labbro	x el labio
x le lait		x il latte	x la leche
délicieux,-euse *köstlich, angenehm*	*delicious*	x *delizioso,-a*	x *delicioso,-a*
x *délicat,-e* *zart, feinfühlend*	x *delicate*	x *delicato,-a*	x *delicado,-a*
	x *delight Vergnügen;* *Entzücken*	*dilettare*	
x la larme	x tear	x la làcrima	x la lágrima
x le lac	x lake	x il lago	x el lago
		x lieto,-a	
se lamenter	*to lament*	x *lamentare*	x *lamentar*
la lamentation	*lamentation*	*il lamento*	*el lamento*
x la lampe	x lamp	x la làmpada	x la lámpara
x la laine		x la lana	x la lana
la lance	*lance*	*la lancia*	*la lanza*
	languid	*lànguido,-a*	*lánguido,-a*
x *lâcher loslassen* x *laisser lassen*	*to release* *to relax* *sich entspannen*	x *lasciare lassen*	x *dejar* *(weg-,ver)lassen*

Stein	lapis,-is m	400
freigebig, reichlich	largus,-a,-um	401
verborgen sein	latēre,-uī	402
Söldner; Räuber	latrō,-ōnis m	403
breit, weit	lātus,-a,-um	404
Breite, Ausdehnung	+ lātitūdō,-inis f	
Seite, Flanke	latus,-eris n	405
Lorbeer	+ laurus,-ī/-ūs f	406
Lob, Ruhm	laus, laudis f	407
loben	laudāre	
waschen, baden	lavāre, lāvī, lautum	408
Bett	+ lectus,-ī m	409
auflesen; auslesen; lesen	legere, lēgī, lēctum	410
Auswahl; Lesen, Lektüre	° lēctiō,-ōnis f	
Legion	legiō,-ōnis f	
sammeln	colligere,-lēgī,-lēctum	
	- collēctiō,-ōnis f	
	- recolligere	
auswählen	dēligere,-lēgī,-lēctum	
Aushebung	dīlēctus,-ūs m	
hochschätzen, lieben	dīligere,-lēxī,-lēctum	
sorgfältig, gewissenhaft	dīligēns,-ntis	
Sorgfalt	dīligentia,-ae f	
auslesen, auswählen	ēligere,-lēgī,-lēctum	
Auswahl, Wahl	° ēlēctiō,-ōnis f	
geschmackvoll, gewählt	ēlegāns,-ntis	
Geschmack, gewählte Art	° ēlegantia,-ae f	
einsehen, verstehen	intellegere,-lēxī,-lēctum	
Einsicht, Verstand	° intellegentia,-ae f	
vernachlässigen, nicht beachten	neglegere,-lēxī,-lēctum	
Vernachlässigung, Nachlässigkeit	° neglegentia,-ae f	
heilige Scheu; Götterverehrung	religiō,-ōnis f	
gewissenhaft, fromm	+ religiōsus,-a,-um	
mild, sanft	lēnis,-e	411
zäh; langsam	+ lentus,-a,-um	412
Löwe	leō, leōnis m	413
Tod	lētum,-ī n	414

F	E	I	S
		la làpide Grabstein	la làpida
x large weit	x large weit	x largo,-a weit	x largo,-a lang
		x il ladro Dieb	x el ladrón Dieb
la latitude	latitude	la latitùdine	la latitud
		il lato	x el lado
le laurier	laurel	l'alloro m	el laurel
		la lode	
x louer		lodare	
x laver		x lavare	x lavar
x le lit		x il letto	el lecho
x lire lesen		x lèggere	x leer
x la leçon	x lesson	x la lezione	x la lección
Lektion, Unterrichtsstunde			
la légion	legion	la legione	la legión
cueillir pflücken	x to collect	cogliere	x coger
la collection	x collection	la collezione	la colección
Sammlung			
x recueillir		x raccògliere	x recoger
sammeln, aufheben			

F	E	I	S
diligent,-e	diligent	diligente	diligente
la diligence	diligence	la diligenza	x la diligencia
élire	x to elect	elèggere	x elegir
l'élection	x election	l'elezione	la elección
élégant,-e	elegant	elegante	x elegante
l'élégance	elegance	l'eleganza	la elegancia
x intelligent,-e	intelligent	x intelligente	x inteligente
x l'intelligence	intelligence	x l'intelligenza	la inteligencia
négliger	x to neglect	neglìgere	
la négligence	negligence	la negligenza	la negligencia
x la religion	x religion	x la religione	x la religión
x religieux,-euse	x religious	religioso,-a	religioso,-a
x lent,-e		x lento,-a	x lento,-a
le lion	x lion	il leone	el león

leicht, unbedeutend; leichtsinnig	lēvis,-e	415
erleichtern, heben	levāre	
sich erheben	sē levāre	
erheben, aufheben	° ēlevāre	
aufheben; erleichtern	+ relevāre	
emporheben, fördern, erleichtern	+ sublevāre	
Gesetz; Bedingung	lēx, lēgis f	416
gesetzlich, richtig	+ lēgitimus,-a,-um	
	- lēgālis,-e	
Ausnahmegesetz; Vorrecht	° prīvilēgium,-iī n	
vermachen; entsenden	+ lēgāre	
Gesandter; Legat	lēgātus,-ī m	
Gesandtschaft	lēgātiō,-ōnis f	
Amtsgenosse, Kollege	collēga,-ae m	
frei, freimütig	līber,-era,-erum	417
Kinder	līberī,-ōrum m	
Freiheit; Freiheitsliebe	lībertās,-ātis f	
Freigelassener	lībertus,-ī m	
edel, freigebig	līberālis,-e	
edle Gesinnung, Freigebigkeit	līberālitās,-ātis f	
befreien	līberāre	
Buch	liber,-brī m	418
zu den Büchern gehörig	° librārius,-a,-um	
es beliebt	libet,-uit	419
gern	libenter Adv.	
Lust, Verlangen; Willkür	libīdō,-inis f	
Waage; Pfund	° lībra,-ae f	420
erwägen, überlegen, beraten	+ dēlīberāre	
Überlegung	° dēlīberātiō,-ōnis f	
es ist erlaubt, es steht frei	licet,-uit	421
Erlaubnis; Freiheit, Zügellosigkeit	licentia,-ae f	
offenbar, natürlich	scīlicet/vidēlicet Adv.	
versprechen	pollicērī,-itus sum	
binden	+ ligāre	422

F	E	I	S
			x leve
x léger,-ère		x leggero,-a	x ligero,-a
x lever		x levare	x levantar
x se lever		x levarsi	x levantarse
x élever	to elevate	elevare	x elevar
x relever	x to relieve	rilevare	relevar
x soulever		sollevare	
x la loi		x la legge	x la ley
légitime	legitimate	x legìttimo,-a	legítimo,-a
légal,-e gesetzlich	legal	legale	legal
loyal,-e redlich	*loyal*	*leale*	*leal*
le privilège	privilege	il privilegio	el privilegio
léguer vermachen		legare	legar
la légation		la legazione	la legación
le collègue	colleague	il collega	el colega
x libre		x lìbero,-a	x libre
x la liberté	x liberty	x la libertà	x la libertad
libéral,-e	liberal	liberale	liberal
la libéralité	liberality	la liberalità	la liberalidad
libérer/délivrer	to liberate	liberare	libertar
x *livrer (ab-,aus-)* *liefern*	x to deliver be- freien;*liefern*		
x le livre		x il libro	x el libro
la librairie *Buchhandlung*	x *library* *Bibliothek*	x *la libreria* *Buchhandlung*	*la librería* *Buchhandlung*
x la livre Pfund			la libra Pfund
délibérer	to deliberate	deliberare	deliberar
la délibération	deliberation	la deliberazione	la deliberación
la licence	licence/license	la licenza	x la licencia
x lier		x legare	x li(g)ar

anbinden	+ alligāre	
verbinden, verpflichten	+ obligāre	
Holz	līgnum,-ī n	423
Lilie	° līlium,-iī n	424
Schwelle	līmen,-inis n	425
erhaben	+ sublīmis,-e	
Grenzweg, Grenze	+ līmes,-itis m	
	- līmitāre	
Richtschnur; Linie	+ līnea,-ae f	426
Zunge; Sprache	lingua,-ae f	427
zurücklassen, verlassen	re-linquere,-līquī,-lictum	428
übrig	reliquus,-a,-um	
Überbleibsel, Rest	+ reliquiae,-ārum f	
Vergehen	dēlictum,-ī n	
Flachs; Leinwand	° līnum,-ī n	429
flüssig, klar	+ liquidus,-a,-um	430
Streit, Prozeß; Streitsache	līs, lītis f	431
Buchstabe	littera,-ae f	432
Brief; Literatur, Wissenschaft	litterae,-ārum f	
Ufer, Strand	lītus,-oris n	433
Ort, Platz, Stelle	locus,-ī m	434
Orte, Gegend	loca,-ōrum n	
	- locālis,-e	
stellen, legen; vermieten	locāre	
(auf)stellen	collocāre	
begütert, reich	locuplēs,-ētis	
lang, weit	longus,-a,-um	435
weitaus	longē Adv.	
Länge	+ longitūdō,-inis f	
	- prōlongāre	
sprechen, reden	loquī, locūtus sum	436
sich unterreden	colloquī	

F	E	I	S
s'allier *sich verbünden*	*to ally*		*aliarse*
x obliger	to oblige	x obbligare	x obligar
		il legno	la leña
le lis	lily	il giglio	el lirio
sublime	sublime	sublime	sublime
la limite	x limit	il lìmite	el lìmite
limiter begrenzen, beschränken	x to limit	limitare	x limitar
x la ligne	x line	x la lînea	x la lînea
x la langue le langage	x tongue x language	x la lingua il linguaggio	x la lengua el lenguaje
	to relinquish aufgeben		
la relique	relic	*la reliquia*	*la reliquia*
le délit		x il delitto	el delito
le lin	linen	il lino	el lino
liquide	x liquid	lîquido,-a	x lîquido,-a
le litige		la lite	el litigio
x la lettre	x letter	x la lèttera	x la letra
x la lettre la littérature	x letter literature	x la lèttera la letteratura	x la literatura
le littoral *Küstengebiet*		il lido	*el litoral*
x le lieu		x il luogo	x el lugar
local,-e örtlich	x local	locale	local
x louer (ver)mieten	to locate versetzen, verlegen		
x (se) coucher (sich) hinlegen	*to couch*	collocare	x colocar
x long,longue	x long	x lungo,-a	
x loin			
la longueur	longitude (geographische) Länge	la lunghezza	la longitud
x prolonger verlängern	to prolong	prolungare	x prolongar

Unterredung, Gespräch	colloquium,-iī n	
beredt, redegewandt	+ ēloquēns,-ntis	
Beredsamkeit	+ ēloquentia,-ae f	
leuchten	lūcēre,-xī	437
Licht; Öffentlichkeit	lūx, lūcis f	
Licht, Leuchte; Augenlicht	lūmen,-inis n	
erleuchten; beleuchten, aufklären	° illūmināre	
Mond	lūna,-ae f	
hell; glänzend, berühmt	illūstris,-e	
erleuchten; erklären, verherrlichen	+ illūstrāre	
Gewinn	lucrum,-ī n	438
ringen, sich abmühen	+ luctārī	439
spielen, scherzen	lūdere,-sī,-sum	440
Spiel; Schule	lūdus,-ī m	
trauern, betrauern	lūgēre,-xī	441
Trauer	lūctus,-ūs m	
Wolf; Wölfin	lupus,-ī m/lupa,-ae f	442
Üppigkeit; Ausschweifung, Verschwendung	+ luxus,-ūs m	443
Üppigkeit; Ausschweifung, Verschwendung	luxuria,-ae f	
mager	° macer,-cra,-crum	444
Maschine; Kunstgriff	+ māchina,-ae f	445
trauern, betrauern	maerēre,-uī	446
traurig	maestus,-a,-um	
elend, unglücklich	miser,-era,-erum	
Elend, Unglück	miseria,-ae f	
beklagenswert, erbärmlich	+ miserābilis,-e	
beklagen, bedauern	miserārī	
Mitleid, Barmherzigkeit	misericordia,-ae f	
groß	māgnus,-a,-um	447
größer; älter	māior,-ius	
Vorfahren	māiōrēs,-um m	
größter	māximus,-a,-um	
Größe	māgnitūdō,-inis f	
Größe, Hoheit	māiestās,-ātis f	
sehr	māgnopere Adv.	
großartig, prächtig	māgnificus,-a,-um	
Großartigkeit, Pracht	+ māgnificentia,-ae f	
mehr; eher	magis Adv.	

F	E	I	S
le colloque		il collòquio	el coloquio
éloquent,-e	eloquent	eloquente	elocuente
l'éloquence	eloquence	l'eloquenza	la elocuencia
luire		lùcere/lucere	lucir
	x light	x la luce	x la luz
x la lumière		il lume	
illuminer	to illuminate	illuminare	x iluminar
x la lune		x la luna	x la luna
illustre	illustrious	illustre	x ilustre
illustrer	to illustrate	illustrare	ilustrar
			el lucro
lutter		lottare	x luchar
x *la lutte Kampf*		x *la lotta*	*la lucha*

F	E	I	S
		il lutto	el luto
le loup/la louve		il lupo/la lupa	el lobo/la loba
le luxe		il lusso	x el lujo
la luxure Unzucht	luxury	*la lussuria*	*la lujuria*
x maigre	meagre	magro,-a	magro,-a
x la machine	x machine	x la màcchina	x la máquina

F	E	I	S
		x mìsero,-a	
x la misère	x misery	x la miseria	x la miseria
x misérable	miserable	miseràbile	x miserable
la miséricorde		la misericordia	x la misericordia
majeur,-e	major	maggiore	x mayor
le maire Bürgermeister	*mayor*		
le maximum	*maximum*	màssimo,-a	máximo,-a
	magnitude		
la majesté	majesty	la maestà	la majestad
x magnifique	magnificent	x magnìfico,-a	x magnìfico,-a
la magnificence	magnificence	la magnificenza	la magnificencia
x *mais aber*		x *ma*	x *más mehr;mas aber*

Leiter; Lehrmeister, Meister   magister,-trī m
Amt; Beamter   magistrātus,-ūs m

schlecht, böse, schlimm   malus,-a,-um (pēior, pessimus) 448
schlecht   male Adv.
Übel, Leid   malum,-ī n
Schlechtigkeit, Bosheit   °   malitia,-ae f
boshaft   °   malitiōsus,-a,-um
schmähen, lästern   +   maledīcere
böswillig   °   malīgnus,-a,-um
Brust, Euter   °   mamma,-ae f   449
fließen, sich verbreiten   mānāre   450
Morgen; früh am Morgen   māne n indekl./Adv.   451

                                 -    septimāna,-ae f
bleiben; warten auf   manēre, mānsī   452
Aufenthalt(sort)   °   mānsiō,-ōnis f
bleiben, verharren; andauern   permanēre
zurückbleiben, verbleiben   +   remanēre
Hand; Schar   manus,-ūs f   453

anvertrauen; auftragen   mandāre
Auftrag, Befehl   mandātum,-ī n
anvertrauen, empfehlen   commendāre

handgreiflich, offenkundig   +   manifēstus,-a,-um
                                 -    manifēstāre

Meer   mare,-is n   454
Meer-, See-   °   marīnus,-a,-um
am Meer gelegen; See-, Küsten-   maritimus,-a,-um
Ehemann   marītus,-ī m   455
verheiraten   °   marītāre

Marmor   +   marmor,-oris n   456
männlich   °   masculus/masculīnus,-a,-um   457

Mutter   māter,-tris f   458
mütterlich   °   māternus,-a,-um

F	E	I	S
x le maître	x master	x il maestro	x el maestro
le magistrat	magistrate	il magistrato	el magistrado
obrigkeitlicher Beamter			
		malo,-a	x malo,-a
x mal	x male		x mal
x le mal		x il male	x el mal
la malice	malice	la malizia	x la malicia
malicieux,-euse	malicious	malizioso,-a	malicioso,-a
maudire		maledire	x maldecir
x malin,maligne	malignant	x maligno,-a	maligno,-a
x la maman	mam(m)a	x la mamma	la mamá
x demain morgen		x domani	x la mañana; mañana
			x el mañana Zukunft
x la semaine Woche		x la settimana	x la semana
x la maison Haus	mansion Herrenhaus		
permanent,-e	permanent	permanente	x permanecer
	x to remain	rimanere	
x la main	x to manage	x la mano	x la mano
	handhaben		
x la manière	x manner	x la maniera	x la manera
Art und Weise			
		x mandare schicken	x mandar
le mandat	mandate	il mandato	el mandato
recommander	x to (re)commend	x raccomandare	x recomendar
x commander	x to command	comandare	
manifeste	manifest	manifesto,-a	manifiesto,-a
manifester	to manifest	manifestare	x manifestar
äußern, an den Tag legen			
x la mer		x il mare	x el/la mer
marin,-e	marine	marino,-a	marino,-a
maritime	maritime	marìttimo,-a	marìtimo,-a
x le mari		x il marito	x el marido
x marier	x to marry		
x se marier sich verheiraten, heiraten			
x le mariage Heirat	x marriage		
le marbre	marble	il marmo	el mármol
mâle	x male	maschio,-a	x el macho Männchen
masculin,-e	masculine	maschile	masculino,-a
x la mère	x mother	x la madre	x la madre
maternel,-le	maternal	materno,-a	materno,-a

verheiratete Frau	+	mātrōna,-ae f
Ehe	+	mātrimōnium,-iī n
(Bau-)Holz; Material, Stoff		māteria,-ae f

reif; rechtzeitig, frühzeitig		mātūrus,-a,-um	459
Reife; richtige Zeit	°	mātūritās,-ātis f	
Morgen-	°	mātūtīnus,-a,-um	

Verkehr, Nachschub; Urlaub		com-meātus,-ūs m	460
Arzt		medicus,-ī m	461
Heilkunst, Heilmittel	+	medicīna,-ae f	
Arzneimittel	°	medicāmentum,-ī n	
Heilmittel	+	remedium,-iī n	
nachdenken, sinnen auf		meditārī	462
mittlerer, mitten		medius,-a,-um	463

Mitte		medium,-iī n	
	-	medietās,-ātis f	
halb	+	dīmidius,-a,-um	
mittelmäßig; geringfügig		mediocris,-e	
Honig	+	mel, mellis n	464
Glied; Teil, Teilnehmer		membrum,-ī n	465
sich erinnern		meminisse	466
Geist, Verstand; Gesinnung; Absicht		mēns, mentis f	
wahnsinnig, unsinnig		āmēns,-ntis	
lügen, vortäuschen		mentīrī	

Erwähnung	+	mentiō,-ōnis f

Aufzeichnung	+	commentārius,-iī m (liber)
erinnern, mahnen		monēre,-uī,-itum
Denkmal; Urkunde		monumentum,-iī n
erinnern, ermahnen		admonēre
Wunderzeichen; Ungeheuer		mōnstrum,-iī n
zeigen	+	mōnstrāre
zeigen, beweisen		dēmōnstrāre
Nachweis, Beweis	°	dēmōnstrātiō,-ōnis f

F	E	I	S
la matrone	matron	*la matrona*	*la matrona*
	matrimony	x il matrimonio	x el matrimonio
			x la madera Holz
x la matière	x matter	x la materia	x la materia
Materie,Stoff	Sache;Materie	Materie,Stoff	Materie,Stoff
x le matériel	x material	x il materiale	x el material
x mûr,-e	mature	x maturo,-a	x maduro,-a
la maturité	maturity	la maturità	la madurez
x *le matin Morgen*		x *il mattino*	
la matinée		x *la mattina*	
Vormittag			
le congé Urlaub			
x le médecin		x il mèdico	x el médico
la médecine	x medicine	x la medicina	la medicina
x le médicament	medicament	il medicamento	el medicamento
le remède	x remedy	il rimedio	x el remedio
méditer	to meditate	meditare	meditar
moyen,-ne	mid(dle)	medio,-a	x medio,-a halb,
durchschnittlich			durchschnittlich
		x mezzo,-a halb	
x le milieu	x middle	x il mezzo	x el medio
x la moitié Hälfte		x la metà	x la mitad
x demi,-e			
médiocre		mediocre	mediocre
le miel		il miele	x la miel
x le membre	x member	x il membro	x el miembro
	x mind	la mente	x la mente
x mentir		x mentire	x mentir
x *le mensonge Lüge*			x *la mentira*
la mention	mention	la menzione	la mención
mentionner	x *to mention*	*menzionare*	x *mencionar*
erwähnen			
le commentaire	*comment*	*il commento*	*el comentario*
le monument	monument	il monumento	x el monumento
	to admonish	ammonire	amonestar
le monstre	monster	il mostro	el monstruo
x montrer		x mostrare	x mostrar
démontrer	to demonstrate	x dimostrare	x demostrar
la démonstration	demonstration	la dimostrazione	la demostración

sich erinnernd, eingedenk	memor,-oris	467
Erinnerung, Gedächtnis; Überlieferung	memoria,-ae f	
erinnern an, erwähnen	memorāre	
denkwürdig	° memorābilis,-e	
sich erinnern; erwähnen	commemorāre	
Monat	· mēnsis,-is m	468
Kaufmann	mercātor,-ōris m	469
Handel; Markt	° mercātus,-ūs m	
Handel, Verkehr, Umgang	+ commercium,-iī n	
	- commerciālis,-e	
Lohn, Sold	mercēs,-ēdis f	
verdienen	merēre,-uī,-itum	470
verdienen	merērī,-itus sum	
Verdienst	meritum,-ī n	
verdientermaßen, mit Recht	meritō Adv.	
auftauchen	+ ē-mergere,-mersī,-sum	471
unvermischt, rein; bloß	+ merus,-a,-um	472
Bergwerk; Metall	+ metallum,-ī n	473
messen, bemessen	mētīrī, mēnsus sum	474
Messung, Maß	° mēnsūra,-ae f	
unermeßlich, ungeheuer	immēnsus,-a,-um	
Tisch	mēnsa,-ae f	
Furcht	metus,-ūs m	475
sich fürchten, befürchten	metuere,-uī	
wandern, auswandern	+ (ē)migrāre	476
Soldat	mīles,-itis m	477
soldatisch, Kriegs-	mīlitāris,-e	
Kriegsdienst	mīlitia,-ae f	
tausend	mīlle, Pl. mīlia, mīlium	478
Meile(n)	mīlle passūs, mīlia passuum	
Drohungen	minae,-ārum f	479
drohen, androhen	minārī	
hervorragen	ēminēre	
hereinragen; drohen, bedrohen	imminēre	
Berg	mōns, montis m	

F	E	I	S
x la mémoire	x memory	x la memoria	x la memoria
	x to remember *sich erinnern*		
mémorable	memorable	memoràbile	memorable
commémorer *gedenken*	*to commemorate*	*commemorare*	
x le mois	x month	x il mese	x el mes
x le marchand	x merchant		
x le marché Markt	x market	x il mercato	x el mercado
x le commerce	x commerce	x il commercio	x el comercio
commercial,-e	x commercial	commerciale	comercial
x merci danke	*x mercy Gnade*		*x la merced Gnade*
x mériter	to merit	x meritare	x merecer
le mérite	merit	il mèrito	x el mérito
émerger	to emerge	emèrgere	emerger
	x mere bloß		
x le métal	x metal	x il metallo	x el metal
x mesurer	x to measure	x misurare	x medir
x la mesure	x measure	x la misura	x la medida
x immense	x immense	x immenso,-a	x inmenso,-a
		la mensa	x la mesa
			x el miedo
émigrer	to (e)migrate	emigrare	emigrar
		x il militare	x el militar
x militaire	military	x militare	x militar
la milice Miliz	*militia*	*la milizia*	*la milicia*
x mille (mil)		x mille,Pl.mila	x mil
le mille	x mile	il miglio	la milla Seemeile
la menace Drohung, Bedrohung		la minaccia	
x menacer	to menace	x minacciare	x amenazar
x mener führen			
éminent,-e	*eminent*	*eminente*	*x eminente*
le mont	mount	x il monte	x el monte
x monter steigen	*to mount*	*montare*	*x montar*

Berg-, gebirgig	+	montānus,-a,-um
Vorgebirge, Kap	°	prōmonturium,-iī n
kleiner; jünger		<u>minor</u>,-us 480
weniger		minus Adv.
kleinster		minimus,-a,-um
vermindern, verringern		minuere,-uī,-ūtum
klein, unbedeutend	°	minūtus,-a,-um
Diener, Gehilfe	+	minister,-trī m
Dienst	+	ministerium,-iī n
leiten, verwalten		administrāre
Leitung, Verwaltung	°	administrātiō,-ōnis f
allzusehr		nimis Adv.
übermäßig; zu groß, zu viel		nimius,-a,-um (Adv. nimium)
erstaunlich, wunderbar		<u>mīrus</u>,-a,-um 481
staunen, sich wundern, bewundern		mīrārī
erstaunlich, bewundernswert	+	mīrābilis,-e
staunen, sich wundern, bewundern		admīrārī
erstaunlich, bewundernswert	+	admīrābilis,-e
Staunen, Bewunderung	+	admīrātiō,-ōnis f
Wunder	+	mīrāculum,-ī n
mischen, vermischen; verwirren		<u>miscēre</u>,-uī, mixtum 482
(gehen) lassen, schicken		<u>mittere</u>, mīsī, missum 483
Entsendung	°	missiō,-ōnis f
wegschicken; verlieren		āmittere
zulassen; verschulden		admittere
	−	admissiō,-ōnis f
zustande bringen; anvertrauen		committere
herabschicken; herabfallen lassen		dēmittere
entlassen; aufgeben		dīmittere
weglassen, wegschicken	+	ēmittere
dazwischentreten lassen, unterbrechen		intermittere
unterlassen		ōmittere
überlassen, erlauben		permittere

F	E	I	S
x *la montagne* Berg; Gebirge	x *mountain(s)*	x *la montagna*	x *la montaña*
le promontoire	promontory	il promontorio	el promontorio
x moindre mineur,-e	minor	minore	x menor
x moins		x meno	x menos
le minimum	*minimum*	*mìnimo,-a*	*mínimo,-a*
x diminuer	to diminish	x diminuire	x disminuir
x *la minute*	x *minute*	*il minuto*	x *el minuto*
x *le ministre*	x *minister*	x *il ministro*	x *el ministro*
x *le métier* Handwerk, Gewerbe, Beruf		x *il mestiere*	
le ministère	*ministry*	*il ministero*	x *el ministerio*
administrer	to administer	amministrare	administrar
x l'administration	administration	x l'amministrazione	x la administración

F	E	I	S
			x *mirar (an)schauen*
x merveilleux,-euse		x meraviglioso,-a	maravilloso,-a
x admirer	x to admire	x ammirare	x admirar
x admirable	admirable	ammirévole	admirable
x l'admiration	x admiration	x l'ammirazione	la admiración
le miracle	miracle	il miràcolo	x el milagro
x mêler	x to mix	x mischiare	x mezclar
x *mettre legen,* *setzen,stellen*		x *méttere legen,* *setzen,stellen*	x *meter hineinlegen,* *hineinstecken*
la mission	mission	la missione	la misión
x admettre	x to admit	x amméttere	x admitir
l'admission Zulassung	x admission	l'ammissione	la admisión
x commettre *le comité* Ausschuß	to commit x *committee*	x comméttere	x cometer *el comité*
	x to dismiss	diméttere	dimitir
émettre von sich geben	to emit	eméttere	emitir
omettre	to omit	ométtere	x omitir
x permettre	x to permit	x perméttere	x permitir

	-	permissum,-ī n	
	-	permissiō,-ōnis f	
vorausschicken		praemittere	
vorübergehen lassen		praetermittere	
versprechen		prōmittere	
Versprechen	°	prōmissum,-ī n	
nachlassen, lockern; zurückschicken		remittere	
herablassen; unterwerfen; zu Hilfe schicken	+	submittere	
hinüberschicken; übersetzen	+	trānsmittere	
Maß; Art, Weise		modus,-ī m	484
Maß	°	modulus,-ī m	
mäßig, bescheiden		modicus,-a,-um	
maßvoll, bescheiden	+	modestus,-a,-um	
Mäßigung, Bescheidenheit		modestia,-ae f	
mäßigen, lenken		moderārī	
maßvoll, besonnen		moderātus,-a,-um	
Lenkung; Mäßigung	+	moderātiō,-ōnis f	
eben erst; nur		modo Adv.	
nicht nur ... sondern auch		nōn modo ... sed etiam	
bald ... bald		modo ... modo	
auf welche Weise? wie?		quōmodo Adv.	
ganz, sehr		admodum Adv.	
wie?		quemadmodum	
angemessen, günstig; bequem		commodus,-a,-um	
Vorteil, Bequemlichkeit		commodum,-ī n	
Nachteil, Unbequemlichkeit		incommodum,-ī n	
anpassen	+	accommodāre	
Stadtmauer(n)		moenia,-ium n	485
befestigen; (ver)schanzen		mūnīre	
Befestigung; Festigungsanlage		mūnītiō,-ōnis f	
Mauer		mūrus,-ī m	

F	E	I	S
le permis Genehmigung, Erlaubnisschein	permit	x il permesso	x el permiso
la permission Erlaubnis	x permission		
x promettre	x to promise	x prométtere	x prometer
la promesse	x promise	la promessa	x la promesa
x *remettre* *übersenden*	*to remit*	x *riméttere*	*remitir*
x soumettre unterwerfen	to submit	sottométtere	someter
transmettre übertragen, senden	to transmit	trasméttere	transmitir
x le mode	mode	x il modo	x el modo
x *la mode*		x *la moda*	x *la moda*
le modèle *Modell*	x model *Modell*	x il mòdulo *Formular;Muster*	x el modelo *Modell*
		mòdico,-a	módico,-a
modeste	x modest	modesto,-a	x modesto,-a
la modestie	modesty	la modestia	la modestia
se modérer *sich mäßigen*	*to moderate*	*moderarsi*	*moderarse*
modéré,-e	x moderate	moderato,-a	moderado,-a
la modération	moderation	la moderazione	la moderación
x comment!/? wie!/?		x come (so) wie	x cómo? como
x comme (so) wie; *gerade als;weil*			
commode		còmodo,-a	x cómodo,-a
		l'incòmodo m	el incómodo
accommoder	to accommodate	x *accomodarsi* *Platz nehmen*	acomodar
munir versehen mit		*munire*	
la munition	*munition(s)*	*la munizione*	*las municiones*
x le mur		x il muro	x el muro

mahlen	° molere,-uī,-itum	486
Masse; Last	mōlēs,-is f	487
lästig, beschwerlich	molestus,-a,-um	
in Bewegung setzen, unternehmen	mōlīrī	
niederreißen, zerstören	° dēmōlīrī	
weich, mild	mollis,-e	488
Münzstätte, Münze	° monēta,-ae f	489
Aufenthalt, Verzögerung, Weile	mora,-ae f	490
(sich) aufhalten, verzögern	morārī	
zögern; verzögern	° dēmorārī	
beißen	+ mordēre, momordī, morsum	491
sterben	morī,-ior, mortuus sum	492
tot	+ mortuus,-a,-um	
Tod	mors, mortis f	
sterblich	mortālis,-e	
unsterblich	immortālis,-e	
Krankheit	morbus,-ī m	
Sitte, Brauch, Gewohnheit	mōs, mōris m	493
moralisch, sittlich, ethisch	° mōrālis,-e	
bewegen	movēre, mōvī, mōtum	494
	- mōtor,-ōris m	
Bewegung; Aufstand	mōtus,-ūs m	
Bewegung	° mōtiō,-ōnis f	
Beweggrund, Bewegung; Augenblick	mōmentum,-ī n	
beweglich, unbeständig	mōbilis,-e	
unbeweglich	+ immōbilis,-e	
bewegen; erregen, veranlassen	commovēre	
fortschaffen; erschüttern	° ēmovēre	
bewegen, erregen	permovēre	
fördern, befördern	° prōmovēre	
wegschaffen, entfernen	removēre	
entfernt	+ remōtus,-a,-um	
bald	mox Adv.	495
Frau, Ehefrau	mulier,-eris f	496
viel, zahlreich	multus,-a,-um (plūs,	497
	plūrimus)	

F	E	I	S
moudre			x moler
le moulin Mühle	x *mill*	*il mulino*	*el molino*
le môle Mole	*mole*	*il molo*	*el muelle*
molester belästigen	to molest	molestare	x molestar
x démolir	to demolish	demolire	demoler
x mou,mol,molle		molle	
x *la monnaie Geld*	x *money*	x *la moneta*	x *la moneda*
x *demeurer wohnen*		*dimorare*	x demorar
x mordre		mòrdere	x morder
x mourir		x morire	x morir
x mort,-e		x morto,-a	x muerto,-a
x la mort		x la morte	x la muerte
mortel,-le	mortal	mortale	mortal
immortel,-le	immortal	immortale	inmortal
les moeurs f Pl.			
x moral,-e	x moral	x morale	x moral
mouvoir	x to move	x muòvere	x mover
x le moteur	x motor	x il motore	x el motor
x le mouvement	x movement	x il movimento	x el movimiento
	x motion Bewegung; Antrag	la mozione	la moción
x le moment	x moment	x il momento	x el momento
mobile		x mòbile	móvil
x *le meuble Möbel*		x *il mòbile*	x *el mueble*
x immobile		x immòbile	inmóvil
		commuòvere	conmover
x *l'émotion f*	*emotion*	x *l'emozione f*	*la emoción*
promouvoir	to promote	promuòvere	promover
	x to remove		x remover
	remote	remoto,-a	remoto,-a
		x *la moglie*	x *la mujer*
		x molto,-a	x mucho,-a

viel, lange, oft, weit	multum Adv.	
weitaus	multō Adv.	
Vielzahl, Menge	multitūdō,-inis f	
vervielfältigen	° multiplicāre	
besser	melior,-ius	
besser	melius Adv.	
Maultier	° mūlus,-ī m/mūla,-ae f	498
Welt, Weltall	mundus,-ī m	499
Aufgabe, Amt; Geschenk	mūnus,-eris n	500
gemeinsam, allgemein	commūnis,-e	
Gemeinschaft	° commūnitās,-ātis f	
vereinigen, teilen; mitteilen	commūnicāre	
Mitteilung	° commūnicātiō,-ōnis f	
Landstadt	mūnicipium,-iī n	
Maus	° mūs, mūris m	501
Mäuschen; Schutzhütte	° mūsculus,-ī m	
Musiker	° mūsicus,-ī m	502
Musenkunst, Musik	° mūsica,-ae f	
ändern, wechseln, tauschen	mūtāre	503
wechselseitig; geliehen	mūtuus,-a,-um	
verändern; austauschen	commūtāre	
stumm; lautlos	+ mūtus,-a,-um	504
Geheimlehre	+ mystērium,-iī n	505
denn, nämlich; in der Tat, fürwahr	nam(que)/(et)enim	506
(zufällig) erreichen	nancīscī, nactus/nānctus sum	507
geboren werden, entstehen	nāscī, nātus sum	508
geboren	nātus,-a,-um	
Volksstamm	nātiō,-ōnis f	
Geburts-	+ nātālis,-e	
angeboren	° nātīvus,-a,-um	
Wesen, Natur	nātūra,-ae f	
natürlich; die Natur betreffend	+ nātūrālis,-e	
angeboren	° innātus,-a,-um	
Nase	+ nāsus,-ī m	509
Schiff	nāvis,-is f	510
Schiffs-, See-	+ nāvālis,-e	

F	E	I	S
		x molto sehr	x mucho sehr
la multitude	multitude	la moltitùdine	x la multitud
multiplier	to multiply	moltiplicare	multiplicar
x meilleur,-e		migliore	x mejor
x mieux		x meglio	x mejor
le mulet/la mule		il mulo/la mula	el mulo/la mula
x le monde		x il mondo	x el mundo
x commun,-e	x common	x comune	x común
la communauté	community	la comunità	x la comunidad
x communiquer	to communicate	x comunicare	x comunicar
la communication	communication	x la comunicazione	la comunicación
municipal,-e	*municipal*	*municipale*	*municipal*
städtisch			
	x mouse		
le muscle	x *muscle*	*il mùscolo*	*el músculo*
le musicien	musician	il mùsico	el músico
x la musique	x music	x la mùsica	x la música
		mutare	x mudar
mutuel,-le	mutual	mùtuo,-a	x mutuo,-a
x muet,-te	mute	x muto,-a	x mudo,-a
x le mystère	x mystery	x il misterio	x el misterio
x *mystérieux,-euse*	x *mysterious*	x *misterioso,-a*	*misterioso,-a*
x naître		x nàscere	x nacer
x né,-e		x nato,-a	nacido,-a
x *la nation*	x *nation*	x *la nazione*	x *la nación*
natal,-e		natale	natal
	x *native*		
	einheimisch		
x la nature	x nature	x la natura	x la naturaleza
x naturel,-le	x natural	x naturale	x natural
inné,-e	innate	innato,-a	innato,-a
x le nez	x nose	x il naso	x la nariz
le navire		la nave	la nave
naval,-e	naval	navale	naval

zur See fahren, segeln		nāvigāre	
Schiffahrt	°	nāvigātiō,-ōnis f	
Seemann		nauta,-ae m	
Schiffbruch	+	naufragium,-iī n	
nicht; damit nicht		nē m.Konjunktiv	511
nicht einmal		nē ... quidem	
und nicht, auch nicht		neque/nec	
denn nicht		neque enim	
aber nicht		neque vērō	
doch nicht		neque tamen	
weder ... noch		neque ... neque	
und nicht, oder nicht		nēve/neu	
verneinen, leugnen; behaupten, daß nicht		negāre	
nichts		nihil/nīl	
um nichts weniger, trotzdem		nihilō minus	
(bleibt unübersetzt); ob		-ne Fragepartikel	512
(denn/etwa) nicht?; ob nicht		nōnne	
Dunst, Nebel, Wolke	+	nebula,-ae f	513
anknüpfen, verbinden	°	ad-nectere,-nexuī,-xum	514
verknüpfen, verbinden	°	cōnectere/connectere	
Verbindung, Zusammenhang	°	connexiō,-ōnis f	
Knoten	+	nōdus,-ī m	
Wald, Hain		nemus,-oris n	515
Enkel, Nachkomme, Neffe		nepōs,-ōtis m	516
Enkelin, Nichte	°	neptis,-is f	
Sehne, Muskel, Nerv; Saite; Kraft		nervus,-ī m	517
sehnig, kraftvoll	°	nervōsus,-a,-um	
Ermordung, Tod		nex, necis f	518
töten		necāre	
Verderben		perniciēs,-ēī f	
verderblich	+	perniciōsus,-a,-um	
schaden		nocēre,-uī,-itum	
unschädlich; unschuldig, rechtschaffen		innocēns,-ntis	
Unschuld, Rechtschaffenheit	+	innocentia,-ae f	
Nest	°	nīdus,-ī m	519
schwarz, dunkel; unheilvoll		niger,-gra,-grum	520
sich stützen; sich anstrengen, streben		nītī, nīsus/nīxus sum	521

F	E	I	S
naviguer	to navigate	navigare	navegar
x *nager schwimmen*			
la navigation	navigation	la navigazione	la navigación
le naufrage		il naufragio	el naufragio
x ne; ne...pas			
		x né	
x ne...ni...ni		x né...né	x ni...ni
nier	to deny	x negare	x negar
		x la nebbia	x la niebla
annexer	*to annex*	*annèttere*	*anex(ion)ar*
annektieren			
connecter	x *to connect*	*connèttere*	*conectar*
(elektrisch)			
la connexion	x connection	la connessione	la conexión
le noeud		il nodo	el nudo/nodo
le neveu Neffe	x nephew	x il nipote	x el nieto
la nièce	x niece	x la nipote	x la nieta
le nerf	nerve	il nervo	el nervio
x *nerveux,-euse*	x *nervous*	x *nervoso,-a*	*nervioso,-a*
noyer ertränken			
pernicieux,-euse	pernicious	pernicioso,-a	pernicioso,-a
nuire		nuòcere	
innocent,-e	innocent	innocente	x inocente
l'innocence	innocence	l'innocenza	la inocencia
le nid		il nido	x el nido
x noir,-e	*negro Neger*	x nero,-a	x negro,-a

glänzend; sauber, nett	° nitidus,-a,-um	522
Schnee	+ nix, nivis f	523
Name	nōmen,-inis n	524
Vorname	° praenōmen,-inis n	
nennen, benennen	nōmināre	
Schande	ignōminia,-ae f	
Richtschnur, Regel	° nōrma,-ae f	525
ungeheuer (groß)	° ēnōrmis,-e	
wir	nōs	526
	(nostrī,nōbīs,nōs,ā nōbīs)	
unser	noster,-tra,-trum	
kennenlernen	nōscere, nōvī, nōtum	527
kennen, wissen	nōvisse/nōsse	
bekannt	nōtus,-a,-um	
Bekanntschaft; Kenntnis, Begriff	+ nōtitia,-ae f	
Untersuchung; Kenntnis, Begriff	+ nōtiō,-ōnis f	
unbekannt	ignōtus,-a,-um	
berühmt; adlig, vornehm	nōbilis,-e	
Berühmtheit; Adel	nōbilitās,-ātis f	
(wieder)erkennen, anerkennen	agnōscere,-ōvī, agnitum	
kennenlernen; erkennen	cōgnōscere,-ōvī, cōgnitum	
	- cōgnōscentia,-ae f	
Erkenntnis, Untersuchung	cōgnitiō,-ōnis f	
wiedererkennen	° recōgnōscere	
verzeihen	ignōscere, -ōvī, ignōtum	
Merkmal, Zeichen; Rüge	+ nota,-ae f	528
bezeichnen; rügen	+ notāre	
neu, neuartig, ungewöhnlich	novus,-a,-um	529
Neuheit	+ novitās,-ātis f	
wiederherstellen, erneuern	+ renovāre	
Nacht	nox, noctis f	530
nachts	noctū Adv.	
nächtlich, Nacht-	nocturnus,-a,-um	
Mitternacht	° media nox	
(einen Mann) heiraten	nūbere, nūpsī, nuptum m.Dat.	531
Hochzeit	+ nuptiae,-ārum f	

F	E	I	S
x net,-te	neat		
x la neige	x snow	x la neve	x la nieve
x le nom	x name	x il nome	x el nombre
le prénom			
x nommer	to nominate	x nominare	x nombrar
normal,-e	*normal*	*normale*	*normal*
x énorme	enormous	x enorme	x enorme
x nous wir,uns		x noi wir,uns	x nosotros,-as wir
			x nos uns
x notre,Pl.nos		x nostro,-a	x nuestro,-a
	x to know		
connu,-e		x conosciuto,-a	x conocido,-a
la notice	x *notice*	x *la notizia*	x *la noticia*
la notion	notion	la nozione	la noción
x inconnu,-e		x sconosciuto,-a	x desconocido,-a
x noble	x noble	x nòbile	x noble
la noblesse	nobility	la nobiltà	la nobleza
x connaître		x conóscere	x conocer
x la connaissance		x la conoscenza	x el conocimiento
Kenntnis			
		la cognizione	la cognición
x reconnaître	x to recognize	x riconóscere	x reconocer
la note	x note	la nota	x la nota
noter bemerken;	x *to note*	x *notare*	x *notar*
aufzeichnen			
x neuf,-ve	x new	x nuovo,-a	x nuevo,-a
x nouveau,-el(le)			
la nouveauté		x la novità	x la novedad
x la nouvelle	x news		
rénover	to renew	rinnovare	renovar
renouveler			
x la nuit	x night	x la notte	x la noche
nocturne	nocturnal	notturno,-a	nocturno,-a
x le minuit	x midnight	x la mezzanotte	la medianoche
les noces	nuptials	le nozze	las nupcias

Eheschließung, Ehebund	cōnūbium,-iī n	
Wolke	nūbēs,-is f	532
nackt, bloß	nūdus,-a,-um	533
etwa?; ob	num Fragepartikel	534
jetzt	nunc Adv.	
göttliches Walten; Gottheit	nūmen,-inis n	535
Zahl, Anzahl; Takt	numerus,-ī m	536
zahlreich	° numerōsus,-a,-um	
zählen, rechnen	numerāre	
unzählig	+ innumerābilis,-e	
aufzählen, ausrechnen	+ ēnumerāre	
Münze, Geldstück	nummus,-ī m	537
Bote; Nachricht	nūntius,-iī m	538
melden	nūntiāre	
ankündigen, verkündigen	° annūntiāre	
ankündigen, anzeigen	+ dēnūntiāre	
aussprechen, verkünden	+ prōnūntiāre	
melden; aufkündigen	+ renūntiāre	
neulich, kürzlich	nūper Adv.	539
nähren; aufziehen, pflegen	+ nūtrīre	540
Ernährerin, Amme	° nūtrīx,-īcis f	
Nuß	° nux, nucis f	541
gegen, entgegen; wegen	ob m.Akk.	542
schräg, schief	+ obliquus,-a,-um	543
vergessen	oblīvīscī,-lītus sum	544
dunkel; unklar	obscūrus,-a,-um	545
Dunkelheit; Unklarheit	° obscūritās,-ātis f	
Ozean	° ōceanus,-ī m	546
Auge	oculus,-ī m	547
hassen	ōdisse	548
Haß, Abneigung	odium,-iī n	
verhaßt, widerwärtig	+ odiōsus,-a,-um	
Geruch	odor,-ōris m	549
Öl	+ oleum,-ī n	550
Ölbaum, Olive	+ olīva,-ae f	
Vorzeichen	ōmen,-inis n	551

F	E	I	S
le nuage		la nùvola	x la nube
x nu,-e	naked	x nudo,-a	x desnudo,-a
	x now		
x le nombre Zahl	x number	x il nùmero	x el número
le numéro Nummer			
x nombreux,-euse	numerous	x numeroso,-a	x numeroso,-a
innombrable	innumerable	innumerévole	innumerable
énumérer	to enumerate	enumerare	enumerar
x annoncer	to announce	x annunciare	x anunciar
dénoncer	to denounce	denunciare	denunciar
x prononcer	x to pronounce	x pronunciare	x pronunciar
x renoncer	to renounce	x rinunciare	x renunciar
verzichten, aufgeben			
x nourrir	to nourish	x nutrire	x nutrir
la nourrice	x nurse Kranken-	la nutrice	la nodriza
	schwester		
la noix	x nut	la noce	la nuez
oblique	oblique	obliquo,-a	oblicuo,-a
x oublier	oblivion		x olvidar
	Vergessenheit		
x obscur,-e	obscure	x oscuro,-a	x oscuro,-a
l'obscurité	obscurity	l'oscurità	la oscuridad
l'océan	x ocean	l'océano	el océano
x l'oeil,les yeux	x eye	x l'occhio	x el ojo Auge;Ohr
		l'odio m	x el odio
odieux,-euse	odious	odiato,-a	odioso,-a
x l'odeur f	odour	x l'odore m	x el olor
x l'huile f	x oil	x l'olio m	el óleo
l'olive	olive	l'oliva	la oliva
	omen		

ganz; jeder; alle	omnis,-e	552
gänzlich, überhaupt	omnīnō Adv.	
Last	onus,-eris n	553
belasten, beladen	onerāre	
meinen, vermuten	opīnārī	554
ahnungslos; unvermutet	+ inopīnātus,-a,-um	
Meinung, Vermutung; Ruf	opīniō,-ōnis f	
es gehört sich, man muß	oportet,-uit	555
befestigter Platz; Stadt	oppidum,-ī n	556
Kraft, Hilfe	ops, opis f	557
Hilfsmittel; Reichtum; Macht	opes,-um f	
reich; mächtig	opulentus,-a,-um	
bester	optimus,-a,-um	
Aristokraten	optimātēs,-ium m	
Vorrat, Menge; Möglichkeit	cōpia,-ae f	
Vorräte; Truppen	cōpiae,-ārum f	
reichlich; wortreich	+ cōpiōsus,-a,-um	
Mangel, Armut, Not	inōpia,-ae f	
wünschen	optāre	558
adoptieren	° adoptāre	
Werk	opus,-eris n	559
es ist nötig	opus est	
Dienst, Pflicht	officium,-iī n	
	- officiālis,-e	
Werkstatt	° officīna,-ae f	
Arbeit, Mühe	opera,-ae f	
Arbeiter	° operārius,-iī m	
tätig sein, arbeiten	° operārī	
	- operātiō,-ōnis f	
reden; bitten, beten	ōrāre	560
Rede	ōrātiō,-ōnis f	
Redner	ōrātor,-ōris m	
Orakel(stätte)	+ ōrāculum,-ī n	
anflehen, verehren	+ adōrāre	
Kreis	orbis,-is m	561

		x ogni	
inopiné,-e		inopinato,-a	inopinado,-a
x l'opinion	x opinion	x l'opinione	x la opinión
			óptimo,-a vortrefflich
la copie	x copy	la copia	la copia
copieux,-euse	copious	copioso,-a	copioso,-a
x adopter	to adopt	x adottare	adoptar
x l'ouvrage m			
l'office m Amt	x office Amt,Büro	x l'ufficio m Amt,Büro	el oficio Beruf
officiel,-le	x official	x ufficiale	x oficial
x l'officier m	x officer	x l'ufficiale m	x el oficial
x l'usine Fabrik		l'officina	x la oficina Büro,Amt
x l'oeuvre Werk, Arbeit		x l'òpera	x la obra
x l'ouvrier		l'operaio	x el obrero
opérer	x to operate	operare	operar
x l'opération	x operation	x l'operazione	x la operación
		orare	orar
			x la oración
l'orateur	orator	l'oratore	el orador
l'oracle m	oracle	l'oràcolo m	el oráculo
adorer	to adore	adorare	x adorar

anfangen	ōrdīrī, ōrsus sum	562
Reihe, Ordnung; Stand	ōrdō,-inis m	
ordentlich, gewöhnlich	° ōrdinārius,-a,-um	
außerordentlich, außergewöhnlich	° extraōrdinārius,-a,-um	
ordnen	° ōrdināre	
ausrüsten, schmücken	ōrnāre	
Ausrüstung, Schmuck	ōrnāmentum,-ī n	
sich erheben, entstehen	orīrī, ortus sum	563
Osten	oriēns,-ntis m (sōl)	
Ursprung	orīgō,-inis f	
	- orīginālis,-e	
angreifen	adorīrī	
Mund; Gesicht	ōs, ōris n	564
Küste	ōra,-ae f	
Knochen	+ os, ossis n	565
freie Zeit, Muße, Ruhe	ōtium,-iī n	566
Geschäft, Aufgabe	negōtium,-iī n	
Handel treiben, verhandeln	° negōtiārī	
Ei	+ ōvum,-ī n	567
beinahe, fast	paene Adv.	568
es beunruhigt, es reut	paenitet,-uit	
Blatt, Seite	° pāgina,-ae f	569
Gau; Dorf	+ pāgus,-ī m	570
ausbreiten; ausdehnen	° propāgāre	
offen, öffentlich	palam Adv.	571
Palatin; Palast	° Palātium,-iī n	572
Gaumen	° palātum,-ī n	573
blaß, bleich	° pallidus,-a,-um	574
Handfläche; Palme	+ palma,-ae f	575
Sumpf	palūs,-ūdis f	576
Papyrusstaude; Papier	° papȳrus/-um,-ī m/f/n	577
gleich, angemessen	pār, paris	578
Paar	pār, paris n	
ungleich; ungerade	+ impār,-aris	
vergleichen	comparāre (1)	
Vergleich	° comparātiō,-ōnis f	

F	E	I	S
x l'ordre m	x order	x l'órdine m	x el/la orden
Befehl; Ordnung, Reihenfolge			
x ordinaire	x ordinary	x ordinario,-a	x ordinario,-a
x extraordinaire	x extraordinary	x straordinario,-a	x extraordinario,-a
x *ordonner anordnen*	x *to order*	x *ordinare*	x *ordenar*
orner	to adorn	x ornare	adornar
l'ornement m	ornament	l'ornamento m	el ornamento
l'orient	orient	l'oriente	el oriente
x l'origine	x origin	x l'orìgine	x el origen
original,-e	x original	x originale	original
oral,-e mündlich	*oral*	*orale*	x *oral*
x l'os m		l'osso m	x el hueso
		l'ozio m	el ocio
		x il negozio	x el negocio
négocier	to negotiate	negoziare	negociar
x l'oeuf m	x egg	x l'uovo m	x el huevo
pénitent,-e	*penitent*	*penitente*	*penitente*
reuig, bußfertig			
x la page	x page	x la pàgina	x la página
x *le pays Land*		x *il paese*	x *el país*
x *le paysan Bauer*	*peasant*		
propager	to propagate	propagare	propagar
x le palais	palace	x il palazzo	x el palacio
le palais	palate	il palato	el paladar
x pâle	x pale	x pàllido,-a	x pálido,-a
	palm	la palma	la palma
x le papier	x paper	il papiro	x el papel
pair,-e		pari	x par
la paire	x pair	il paio	x el par
impair,-e		ìmpari	impar
x comparer	x to compare	comparare	comparar
la comparaison	x comparison	la comparazione	x la comparación

vorbereiten, bereiten; sich anschicken	parāre	579
Zurüstung; Gerät	apparātus,-ūs m	
bereiten, beschaffen	comparāre (2)	
befehlen, herrschen über	imperāre	
Oberbefehlshaber, Feldherr; Kaiser	imperātor,-ōris m	
Befehl; Befehlsgewalt, Herrschaft, Reich	imperium,-iī n	
vorbereiten	+ praeparāre	
Vorbereitung	° praeparātiō,-ōnis f	
wiederherstellen	° reparāre	
absondern, trennen	+ sēparāre	
abgesondert, getrennt	° sēparātus,-a,-um	
sparen, schonen	parcere, pepercī	580
gehorchen	pārēre,-uī	581
erscheinen, sich zeigen	appārēre	
	- dispārēre	
hervorbringen, gebären; sich verschaffen	parere,-iō, peperī, partum	582
Vater; Mutter	parēns,-ntis m/f	
Eltern	parentēs,-um m	
(wieder)finden	reperīre, repperī, repertum	
Wand	+ pariēs,-etis m	583
Teil; Seite, Richtung	pars, partis f	584
Partei; Rolle	partēs,-ium f	
	- particulāris,-e	
zum Teil, teils	partim Adv.	
teilen	+ partīrī	
unbeteiligt, frei	expers,-pertis	
beteiligt	particeps,-cipis	
klein, gering	parvus,-a,-um (minor,minimus)	585
zu wenig, nicht genug	parum Adv.	
weiden (lassen), füttern	pāscere, pāvī, pāstum	586
Hirte	pāstor,-ōris m	

F	E	I	S
parer schmücken		*parare*	
x *l'appareil* Apparat	*apparatus*	x *l'apparecchio*	x *el aparato*
		x comp(e)rare kaufen	x comprar
l'empereur	emperor	l'imperatore	el emperador
l'empire m	empire	l'impero m	x el imperio
x préparer	x to prepare	x preparare	x preparar
x la préparation	x preparation	la preparazione	la preparación
x réparer	x to repair	x riparare	x reparar
x *la réparation* Wiedergutmachung	x *repair* Ausbesserung		
x séparer	x to separate/sever	x separare	x separar
séparé,-e	x separate	separato,-a	separado,-a
x *paraître* (er)scheinen		x *parere*	x *parecer*
x apparaître	x to appear	apparire	x aparecer
x disparaître verschwinden	x to disappear	sparire	x desaparecer
			parir
x *le parent*		x *il/la parente*	x *el/la pariente*
x *la parente* Verwandte(r)			
x les parents	x parents		
la paroi		x la parete	x la pared
x la part/partie	x part	x la parte	x la parte
x le parti	x party	x il partito	x el partido
x particulier,-ère besondere(r)	x particular	x particolare	x particular
x *partir aufbrechen,* weggehen	x to part teilen; sich trennen	x partire teilen; abreisen	x partir teilen; abreisen
participer teilhaben	*to participate*	x *partecipare*	*participar*
paître	to pasture	pascolare	pastar
le pasteur	*pastor*	il pastore	el pastor

Brot   +   pānis,-is m

Vater   pater,-tris m   587
väterlich   +   paternus,-a,-um
väterlich; heimatlich, heimisch   patrius,-a,-um
Vaterland, Heimat(stadt)   patria,-ae f
Schutzherr, Anwalt   patrōnus,-ī m
(alt)adelig, patrizisch; Patrizier   patricius,-a,-um
offen stehen; sich erstrecken   patēre,-uī   588
öffnen, aufdecken   patefacere
Schritt; Doppelschritt   passus,-ūs m

überall   passim Adv.
leiden, dulden, zulassen   patī,-ior, passus sum   589
fähig zu ertragen, geduldig   +   patiēns,-ntis
Ausdauer, Geduld   +   patientia,-ae f
unfähig zu ertragen   °   impatiēns,-ntis
                                   -    passiō,-ōnis f

vollbringen, vollenden   patrāre   590
erreichen, durchsetzen   impetrāre
wenig   paucus,-a,-um   591
ein wenig   paulum
allmählich   paul(1)ātim Adv.
arm   pauper,-eris
Armut   paupertās,-ātis f
Angst, Beklemmung   pavor,-ōris m   592
Friede   pāx, pācis f   593
Abmachung, Vertrag   pactum,-ī n
befrieden, unterwerfen   pācāre

einen Fehler machen, sich vergehen   peccāre   594
Vergehen, Sünde   +   peccātum,-ī n
Kamm   °   pecten,-inis m   595
                                   -    pectināre
Brust   pectus,-oris n   596
Vieh, Kleinvieh   pecus,-oris n   597

F	E	I	S
x le pain		x il pane	x el pan
x *le compagnon*	x *companion*	x *il compagno*	x *el compañero*
Gefährte			
x le père	x father	x il padre	x el padre
paternel,-le	paternal	paterno,-a	paterno,-a
		patrio,-a	patrio,-a
x la patrie		la patria	x la patria
x le patron	patron	il patrono	x el patrón(o)
x le pas	pace	x il passo	x el paso
x *ne...pas nicht*	x *pass Paß*		
x *passer vorbeigehen*	x *to pass*	x *passare*	x *pasar*
x *le passé*	x *past*	x *il passato*	x *el pasado*
Vergangenheit			
			padecer leiden
(le/la) patient,-e	x patient	(il/la) paziente	(el/la) paciente
la patience	x patience	la pazienza	x la paciencia
impatient,-e	impatient	impaziente	impaciente
x la passion	passion	x la passione	x la pasión
Leidenschaft			
x peu	x few	x poco,-a	x poco,-a
x pauvre	x poor	x pòvero,-a	x pobre
la pauvreté	poverty	la povertà	la pobreza
x la peur		x la paura	
x la paix	x peace	x la pace	x la paz
le pacte		il patto	el pacto
apaiser	to appease		
x *payer (be)zahlen*	x *to pay*	*pagare*	x *pagar*
pécher		peccare	pecar
le péché		il peccato	x el pecado
x le peigne		x il pèttine	x el peine
x peigner kämmen		x pettinare	peinar
x la poitrine		x il petto	x el pecho

(Stück) Vieh, Schaf	pecus,-udis f	
Vermögen, Geld	pecūnia,-ae f	
schlechterer	pēior,-ius	598
schlechtester	pessimus,-a,-um	
anrufen, nennen	ap-pellāre	599
stoßen, schlagen; vertreiben	pellere, pepulī, pulsum	600
Schlagen; Anstoß	° pulsus,-ūs m	
stoßen, schlagen	+ pulsāre	
zusammentreiben, antreiben	+ compellere, -pulī,-pulsum	
hinabstoßen; vertreiben	dēpellere	
hinausstoßen, vertreiben	expellere	
anstoßen, antreiben, veranlassen	impellere	
Anstoß, Antrieb	° impulsus,-ūs m	
zurückstoßen, abweisen	repellere, reppulī, repulsum	
Haut, Fell, Pelz	+ pellis,-is f	601
(herab)hängen	pendēre, pependī	602
herabhängen; abhängen von	° dēpendēre	
(darüber)hängen; drohen, bevorstehen	impendēre	
abwägen; bezahlen	pendere, pependī, pēnsum	
Aufgabe	+ pēnsum,-ī n	
abwägen, beurteilen	° pēnsāre	
aufwägen, ersetzen	° compēnsāre	
abwägen; bezahlen	° expendere,-pendī,-pēnsum	
	- expēnsa,-ae f (pecūnia)	
aufwenden	+ impendere	
aufhängen, schweben lassen	+ suspendere	
Gewicht	pondus,-eris n	
hinein; eindringlich, völlig	penitus Adv.	603
eindringen, durchdringen	+ penetrāre	
Feder, Flügel	+ penna,-ae f	604
durch (... hindurch)	per m.Akk.	605
kundig, erfahren	perītus,-a,-um	606
unkundig, unerfahren	imperītus,-a,-um	
Gefahr	perīculum,-ī n	
gefährlich	+ perīculōsus,-a,-um	

F	E	I	S
pécuniaire	pecuniary	pecuniario,-a	pecuniario,-a
geldlich, Geld-			
pire/pis		peggiore	x peor
			pésimo,-a
x appeler	to appeal	appellarsi	apelar
	appellieren		
le pouls Puls	pulse	il polso	el pulso
x pousser	x to push		
	to compel zwingen		
expulser	to expel	espèllere	expulsar
	to impel		
l'impulsion f	impulse	l'impulso m	x el impulso
x repousser	to repel/repulse	repèllere	
x la peau		x la pelle	x la piel
x pendre		x pèndere	pender
dépendre	x to depend	dipèndere	x depender
indépendant,-e	x independent	indipendente	x independiente
unabhängig			
	to impend		
		x il peso Gewicht	x el peso
x peser		x pesare	x pesar
x penser denken		x pensare	x pensar
compenser	to compensate	compensare	compensar
	x to spend/expend		
	x expensive teuer		
	x expense Ausgabe	x la spesa	
x suspendre	to suspend	sospèndere	x suspender
x le poids	pound Pfund		
x pénétrer	to penetrate	x penetrare	x penetrar
	x pen Schreibfeder	x la penna	
x par		x per	x por; para
le péril	peril	il perìcolo	x el peligro
périlleux,-euse	perilous	pericoloso,-a	peligroso,-a

versuchen; erfahren	experīrī,-pertus sum	
Versuch; Erfahrung	° experientia,-ae f	
Versuch, Probe	+ experīmentum,-ī n	
Maske,Rolle; Person; Persönlichkeit	persōna,-ae f	607
	- personālis,-e	
Fuß	pēs, pedis m	608
Fußsoldat	pedes,-itis m	
Fuß-, zu Fuß	+ pedester,-tris,-tre	
befreien; erledigen; bereitmachen	expedīre	
es nützt	expedit	
unbehindert; kampfbereit	expedītus,-a,-um	
Feldzug	° expedītiō,-ōnis f	
hindern, behindern	impedīre	
Hindernis	impedīmentum,-ī n	
Gepäck, Troß	impedīmenta,-ōrum n	
Seuche; Unheil	pestis,-is f	609
zu erreichen suchen: erstreben, erbitten; angreifen	petere,-īvī,-ītum	610
Angriff; Bitte, Bewerbung	petītiō,-ōnis f	
streben nach, herankommen	appetere	
Verlangen	° appetītus,-ūs m	
erstreben	expetere	
Drang, Schwung; Angriff	impetus,-ūs m	
ununterbrochen, fortwährend	perpetuus,-a,-um	
zurückfordern; wiederholen	repetere	
Philosoph	+ philosophus,-ī m	611
Philosophie	philosophia,-ae f	
naturwissenschaftlich	+ physicus,-a,-um	612
Naturwissenschaft	+ physica,-ōrum n/-ae f	
Wurfspeer	pīlum,-ī n	613
malen, ausmalen	pingere, pīnxī, pictum	614
Maler	° pictor,-ōris m	
Malerei, Gemälde	+ pictūra,-ae f	
Fichte, Pinie	+ pīnus,-ī/-ūs f	615
Pfeffer	° piper,-eris n	616
Seeräuber	+ pīrāta,-ae m	617
Birnbaum	° pirus,-ī f	618
Birne	° pirum,-ī n	

F	E	I	S
l'expert m	*expert*	*l'esperto m*	*el experto*
x l'expérience	x experience	x l'esperienza	x la experiencia
	x experiment	x l'esperimento m	el experimento
x la personne	x person	x la persona	x la persona
x le personnage	personage	x il personaggio	el personaje
x personnel,-le persönlich	x personal	x personale	x personal
x le pied	x foot	x il piede	x el pie
	pedestrian		
expédier senden		x *spedire*	*expedir*
l'expédition	*expedition*	*la spedizione*	*la expedición*
x empêcher	to impede	x impedire	x impedir
l'empêchement m	impediment	l'impedimento m	el impedimento
la peste	pest(ilence)	la peste	la peste
			x pedir
la pétition	petition	la petizione	la petición
l'appétit	appetite	x l'appetito	el apetito
	impetus	l'ìmpeto	el ìmpetu
perpétuel,-le	perpetual	perpètuo,-a	perpetuo,-a
x répéter	x to repeat	x ripètere	x repetir
le philosophe	philosopher	il filòsofo	el filósofo
la philosophie	philosophy	la filosofìa	la filosofía
physique physisch	*physical*	*fìsico,-a*	x *fìsico,-a*
la physique Physik	physics	la fìsica	la fìsica
x peindre	x to paint	(di)pìngere	x pintar
le peintre	x painter	il pittore	el pintor
x la peinture	x picture	x la pittura	x la pintura
le pin	pine	il pino	el pino
le poivre	pepper	il pepe	
le pirate	pirate	il pirata	el pirata
le poirier	x pear	il pero	el peral
la poire	x pear	x la pera	la pera

Fisch	<u>piscis</u>,-is m	619
fischen	° piscārī	
Fischer	° piscātor,-ōris m	
pflichtgetreu, fromm, liebevoll	<u>pius</u>,-a,-um	620
Pflichtgefühl, Frömmigkeit	pietās,-ātis f	
gottlos, ruchlos	impius,-a,-um	
Pech	° <u>pix</u>, picis f	621
gefallen	<u>placēre</u>,-uī	622
man beschließt	placet,-uit	
mißfallen	+ displicēre	
ruhig, sanft	placidus,-a,-um	
Schlag, Hieb, Stich; Wunde	+ <u>plāga</u>,-ae f	623
wehklagen	° <u>plangere</u>, plānxī, plānctum	624
Pflanze, Setzling; Fußsohle	+ <u>planta</u>,-ae f	625
	- plantāre	
flach, eben; deutlich	<u>plānus</u>,-a,-um	626
Ebene	+ plānitiēs,-ēī f	
erklären	° explānāre	
Erklärung, Deutung	° explānātiō,-ōnis f	
Weg, Straße	° <u>platēa</u>,-ae f	627
(Beifall) klatschen	+ (ap)<u>plaudere</u>,-sī,-sum	628
umarmen, umfassen	com-<u>plectī</u>,-plexus sum	629
Umarmung, Umfassung	+ complexus,-ūs m	
falten, wickeln	° <u>plicāre</u>,-uī,-ātum	
anfügen	° applicāre	
	- applicātiō,-ōnis f	
entfalten, entwickeln, erklären	explicāre	
Darlegung, Erklärung	° explicātiō,-ōnis f	
verwickeln	+ implicāre	
zurückfalten, entfalten	° replicāre	
voll	<u>plēnus</u>,-a,-um	630
füllen; erfüllen	complēre,-ēvī,-ētum	

F	E	I	S
x le poisson	x fish	x il pesce	x el pez/pescado
x pêcher	x to fish	x pescare	pescar
x le pêcheur		x il pescatore	el pescador
pieux,-euse	pious	pio,-a	pío,-a
la piété	piety	x la pietà	x la piedad
x *la pitié Mitleid*	x *pity*		
impie	impious	empio,-a	impío,-a
la poix	pitch	la pece	la pez
x plaire	x to please	x piacere	x placer
x *le plaisir*	x *pleasure*	x *il piacere*	x *el placer*
Vergnügen			
déplaire	to displease	x dispiacere	desplacer
placide	placid		
la plaie Wunde	*plague Plage*	la piaga Wunde	la llaga Wunde
x plaindre	x to complain	x piàngere	
x la plante	x plant	x la pianta	x la planta
x planter pflanzen	x to plant	x piantare	plantar
plan,-e	x plain	x piano,-a	x llano,-a
x *le plan*	x *plan*	*il piano*	x *el plano*
x la plaine	x plain	x la pianura	la llanura
le plan	plane	x il piano	x el llano
	x to explain		
	x explanation		
x *la place Platz*	x *place*	*la piazza*	x *la plaza*
applaudir	to applaud	applaudire	aplaudir
complexe	*complex*	*complesso,-a*	*complejo,-a*
verwickelt			
le complexe	*complex*	*il complesso*	*el complejo*
x plier		x piegare	plegar
x *appliquer anwenden*	x *to apply*	x *applicare*	x *aplicar*
l'application	x application	l'applicazione	la aplicación
Auflegen; Anwendung; Fleiß			
x expliquer		x spiegare	x explicar
l'explication		la spiegazione	x la explicación
impliquer	to imply	implicare	implicar
in sich schließen			
x *employer verwenden*	x *to employ*	x *impiegare*	x *emplear*
replier (wieder)	x *to reply erwidern*	*replicare*	*replicar*
zusammenfalten			
x plein,-e	x full	x pieno,-a	x lleno,-a
x *remplir füllen*	x *plenty Fülle*	x *riempire füllen*	x *llenar (aus)füllen*
x accomplir	to accomplish	compiere	x cumplir

vollständig	°	complētus,-a,-um
ausfüllen, erfüllen		explēre
nachfüllen, ergänzen, ersetzen	+	supplēre
Ergänzung	°	supplēmentum,-ī n
die meisten, sehr viele		plērīque,-aeque,-aque
meistens		plērumque Adv.
mehr		plūs, plūris
		Pl. plūrēs, plūra,-ium
mehrere, ziemlich viele		complūres,-a
die meisten, sehr viele		plūrimī,-ae,-a
Plebs, gemeines Volk		plēbs, plēbis f
nichtpatrizisch; Plebejer		plēbēius,-a,-um
(be)weinen, (be)klagen	+	plōrāre	631
(be)klagen	°	dēplōrāre
erkunden, untersuchen		explōrāre
anflehen, erflehen	+	implōrāre
es regnet	°	pluit, pluit/plūvit (pluere)	632
Regen	°	pluvia,-ae f
Feder, Flaum	°	plūma,-ae f	633
Strafe		poena,-ae f	634
(be)strafen; rächen	+	pūnīre
Dichter		poēta,-ae m	635
dichterisch	°	poēticus,-a,-um
Gedicht	°	poēma,-atis n
Dichtkunst; Dichtung	°	poēsis,-is f
glätten, verfeinern	°	polīre	636
gebildet, fein	°	polītus,-a,-um
Pol	+	polus,-ī m	637
Obst(frucht)	°	pōmum,-ī n	638
legen, setzen, stellen		pōnere, posuī, positum	639
Stellung, Lage	°	positiō,-ōnis f
voranstellen, vorziehen		antepōnere
zusammenstellen, ordnen, verfassen		compōnere
Zusammensetzung; Anordnung	°	compositiō,-ōnis f

F	E	I	S	115
x complet,-ète	x complete	x completo,-a	x completo,-a	
suppléer	x to supply liefern, ergänzen	supplire	suplir	
le supplément	supplement	il supplemento	el suplemento	
x plus		x più		
x plusieurs				
x la plupart				
x pleurer			x llorar	
déplorer	to deplore	deplorare	deplorar	
explorer	x to explore	esplorare	explorar	
implorer	to implore	implorare	implorar	
x il pleut (pleuvoir)		x piove (piòvere)	x llueve (llover)	
x la pluie		x la pioggia	x la lluvia	
x la plume	plume	la piuma	la pluma	
x la peine	penalty	x la pena	x la pena	
	x pain Schmerz			
x punir	x to punish	x punire		
le poète	x poet	il poeta	el poeta	
poétique	poetic(al)	poètico,-a	poético,-a	
le poème	x poem	il poema	el poema	
x la poésie	poetry	x la poesìa	x la poesía	
polir	x to polish	x pulire	pulir	
x poli,-e höflich	x polite höflich	x pulito,-a rein	pulido,-a nett	
le pôle	pole	il polo	el polo	
x la pomme Apfel		il pomo		
x (poser von pausare sich ausruhen!)	x to post aufstellen	x porre	x poner	
x le poste Posten	x post	x il posto	el puesto	
x la poste Post	x post	x la posta		
x la position	x position	x la posizione	x la posición	
x composer	x to compose	x comporre	x componer	
la composition	x composition	la composizione	la composición	

ablegen, niederlegen; aufgeben		dēpōnere
verteilen, ordnen		dispōnere
Anordnung	°	dispositiō,-ōnis f
aussetzen, ausstellen; darlegen		expōnere
hineinlegen, auflegen, auferlegen		impōnere
entgegenstellen, entgegensetzen; einwenden	+	oppōnere
entgegengesetzt; gegenüberliegend	°	oppositus,-a,-um
	−	oppositiō,-ōnis f
voranstellen; vorziehen		praepōnere
vor Augen stellen, in Aussicht stellen		propōnere
Vorsatz, Plan; Thema	+	propositum,-ī n
darunterlegen; unterschieben	°	suppōnere

Brücke		pōns, pontis m	640
Priester		pontifex,-ficis m	
Pappel	°	pōpulus,-ī f	641
Volk		populus,-ī m	642
volkstümlich, volksfreundlich		populāris,-e	
Volkspartei		populāres,-ium m	
öffentlich, staatlich		pūblicus,-a,-um	
von Staats wegen; allgemein		pūblicē Adv.	
verstaatlichen, beschlagnahmen; bekanntmachen	+	pūblicāre	
Schwein	°	porcus,-ī m	643
weiterhin, ferner		porrō Adv.	644
Tor, Pforte		porta,-ae f	645
Hafen		portus,-ūs m	
günstig, geeignet		opportūnus,-a,-um	
günstige Lage, günstige Gelegenheit	°	opportūnitās,-ātis f	
tragen, bringen		portāre	
herbeitragen, herbringen	°	apportāre	
wegbringen, wegschaffen	+	dēportāre	
einführen; herbeiführen	°	importāre	
zurückbringen; berichten	+	reportāre	

F	E	I	S
x déposer	to depose	deporre	deponer
	to deposit	x depositare	depositar
x disposer	x to dispose	x disporre	x disponer
x la disposition	disposition	x la disposizione	la disposición
x exposer	to expose	x esporre	x exponer
x imposer	to impose	x imporre	x imponer
x opposer	to oppose	x opporre	x oponer
x s'opposer	to oppose	x opporsi	x oponerse
sich widersetzen			
opposé,-e	x opposite	opposto,-a	opuesto,-a
l'opposition	x opposition	l'opposizione	x la oposición
la préposition	*preposition*	*la preposizione*	*la preposición*
x proposer	x to propose	x proporre	x proponer
le propos	x purpose	x il propòsito	x el propósito
x *à propos*			
x *supposer*	x *to suppose*	x *supporre*	x *suponer*
vermuten; voraussetzen			
x le pont		x il ponte	x el puente
le peuplier	poplar	il pioppo	
x le peuple	x people	x il pòpolo	x el pueblo
x populaire	x popular	x popolare	x popular
x public,publique	x public	x pùbblico,-a	x púiblico,-a
publier	*to publish*	*pubblicare*	x *publicar*
veröffentlichen			
le porc	pork	il porco	x el puerco
Schwein(efleisch)			
x la porte	portal	x la porta	x la puerta
x le port	x port	x il porto	x el puerto
opportun,-e	opportune	opportuno,-a	x oportuno,-a
l'opportunité	x opportunity	l'opportunità	la oportunidad
x porter		x portare	
x apporter			
déporter	to deport	deportare	deportar
x *importer*	to import	x importare	x importar
wichtig sein			
x *important,-e*	x *important*	x *importante*	x *importante*
bedeutend, wichtig			
reporter	x to report	x riportare	

herbeitragen	° supportāre	
hinüberbringen	° trānsportāre	
fordern, verlangen	poscere, poposcī	646
fordern, verlangen	postulāre	
hinten, nachher; hinter, nach	post Adv./Präp.m.Akk.	647
nachher, später	posteā Adv.	
nachdem, seitdem	postquam/posteāquam	
(nach)folgend	posterus,-a,-um	
später; geringer	posterior,-ius	
Nachwelt	+ posteritās,-ātis f	
letzter	postrēmus,-a,-um	
zum letztenmal	postrēmum Adv.	
zuletzt, schließlich	postrēmō Adv.	
Trinken, Trank	+ pōtiō,-ōnis f	648
Becher	pōculum,-ī n	
wichtiger, besser	potior,-ius (potissimus)	649
vielmehr, eher, lieber	potius Adv.	
hauptsächlich, besonders	potissimum Adv.	
können, vermögen	posse, possum, potuī	
	- (im)possibilis,-e	
	- possibilitās,-ātis f	
mächtig	potēns,-ntis	
Macht, Gewalt	potentia,-ae f	
Amtsgewalt, Macht; Möglichkeit	potestās,-ātis f	
sich bemächtigen	potīrī	
vor (... her); im Vergleich mit	prae m.Abl.	650
an ... vorbei; außer	praeter m.Akk.	
außerdem	praetereā Adv.	
zur Stelle, zur Verfügung	+ praestō Adv.	
Beute	praeda,-ae f	651
Wiese	+ prātum,-ī n	652
verkehrt, schlecht	prāvus,-a,-um	653
Bitten, Gebet	precēs,-um f	654
bitten, beten	precārī	
anflehen; durch Bitten abzuwenden suchen	dēprecārī	

F	E	I	S
x supporter ertragen	x to support (unter)stützen	sopportare ertragen	x soportar stützen; ertragen
transporter	to transport	x trasportare	x transportar
x puis		x poi	x pues
postérieur,-e		posteriore	posterior
la postérité	posterity	la posterità	la posteridad
le poison Gift(trank)	x poison	la pozione Arzneitrank	la poción Arzneitrank
x pouvoir (je puis) x le pouvoir Macht	x power	x potere il potere	x poder el poder
x (im)possible (un)möglich	x (im)possible	x (im)possìbile	x (im)posible
la possibilité Möglichkeit	x possibility	x la possibilità	la posibilidad
x puissant,-e	potent	x potente	potente
x la puissance		x la potenza	la potencia
prêt,-e bereit			
la proie	prey	la preda	
le pré		x il prato	el prado
x la prairie	prairie		
la prière	prayer	x la preghiera	
x prier	x to pray	x pregare	

fassen, ergreifen, nehmen		prehendere,-dī, prehēnsum 655
	-	prehēnsiō,-ōnis f
anfassen, ergreifen	°	apprehendere
ergreifen, festnehmen; begreifen		comprehendere
ergreifen, ertappen		dēprehendere
festhalten; tadeln		reprehendere
drücken, pressen		premere, pressī, pressum 656
	-	pressiō,-ōnis/pressūra,-ae f
zusammendrücken; unterdrücken	+	comprimere
hinabdrücken; unterdrücken	+	dēprimere
herauspressen; ausdrücken		exprimere
	-	expressiō,-ōnis f
hineindrücken	+	imprimere
Eindruck, Abdruck; Überfall	°	impressiō,-ōnis f
unterdrücken, bedrücken; überraschen		opprimere
zurückdrängen; unterdrücken	°	reprimere
hinabdrücken; unterdrücken	°	supprimere
Wert; Preis, Lohn		pretium,-iī n 657
wertvoll, kostbar	+	pretiōsus,-a,-um
vorderer; früher		prior,-ius 658
früher, eher		prius Adv.
ehe, bevor		priusquam
vorderster; erster, vornehmster		prīmus,-a,-um
zum erstenmal		prīmum Adv.
sobald		cum/ut/ubi prīmum
anfangs, zuerst		prīmō Adv.
besonders		imprīmīs Adv.
erster, vornehmster; der führende Mann, Fürst		prīnceps,-cipis (m)
Anfang; Grundlage		prīncipium,-iī n
erste Stelle; Vorrang		prīncipātus,-ūs m
hauptsächlich, Haupt-	°	prīncipālis,-e
alt, altertümlich, altehrwürdig		prīscus,-a,-um
ehemalig, früher		prīstinus,-a,-um

F	E	I	S
x prendre		x prèndere	x prender
la prison Gefängnis	x prison	la prigione	x la prisión
x *apprendre lernen*		x *apprèndere*	x *aprender*
x comprendre	to comprehend to comprise	x comprèndere	x comprender
x surprendre	x to surprise	x sorprèndere	x sorprender
x reprendre ...tadeln		riprèndere	reprender
x presser	x to press	prèmere	
la pression Druck	x pressure	la pressione	x la presión
comprimer	to compress	comprìmere	comprimir
déprimer	to depress	deprìmere	deprimir
x exprimer	x to express	x esprìmere	x expresar
x l'expression Ausdruck	x expression	x l'espressione	x la expresión
imprimer drucken	x *to (im)print*	*imprìmere*	x *imprimir*
x l'impression	x impression	x l'impressione	x la impresión
opprimer opresser	to oppress	opprìmere	x oprimir
réprimer	to repress	reprìmere	reprimir
supprimer unterdrücken, aufheben, abschaffen	to suppress	sopprìmere	suprimir
x le prix	x price x prize Siegespreis x *to praise preisen*	x il prezzo	x el precio
x précieux,-euse	x precious	x prezioso,-a	x precioso,-a
		x prima	
x premier,-ère	prime	x primo,-a	x primer(o),-a
		x dapprima	x primero
x le prince	x prince	il prìncipe	x el príncipe
x le principe	principle	x il principio	x el principio
x principal,-e	principal	x principale	x principal

berauben	+ privāre	659
privat, persönlich; Privatmann	privātus,-a,-um	
privat, als Privatmann	privātim Adv.	
vor; für; anstelle; im Verhältnis zu	prō m.Abl.	660
(vorwärts) geneigt; abschüssig	+ prōnus,-a,-um	
fern, weit	procul Adv.	
tüchtig; rechtschaffen	probus,-a,-um	
schlecht, ruchlos	improbus,-a,-um	
prüfen; billigen; beweisen	probāre	
annehmbar; wahrscheinlich	+ probābilis,-e	
	− proba,-ae f	
billigen; beweisen	+ approbāre	
Gefecht, Kampf	proelium,-iī n	661
nahe, beinahe; nahe bei	prope (propius, proximē)	662
	Adv./Präp.m.Akk.	
näher	propior,-ius	
nächster; letzter	proximus,-a,-um	
nahe, benachbart; verwandt	propinquus,-a,-um	
sich nähern	appropinquāre	
nahe bei; wegen	propter m.Akk.	
deshalb	proptereā Adv.	
eilen; beschleunigen	properāre	663
eilig	properus,-a,-um (Adv.-ē)	
eigen, eigentümlich	proprius,-a,-um	664
Eigentümlichkeit; Eigentum(srecht)	° proprietās,-ātis f	
günstig, glücklich	prosper(us),-era,-erum	665
Amtsbereich; Provinz	prōvincia,-ae f	666
Provinz-	° prōvinciālis,-e	
Scham, Scheu, Ehrgefühl	pudor,-ōris m	667
schamhaft, sittsam	+ pudīcus,-a,-um	
schamlos, unverschämt	+ impudēns,-ntis	
Schamlosigkeit, Unverschämtheit	° impudentia,-ae f	
zurückweisen, verschmähen	repudiāre	
Junge, Kind	puer,-erī m	668
Mädchen	puella,-ae f	

F	E	I	S
priver	to deprive	privare	privar
privé,-e	x private	x privato,-a	privado,-a
x pour		prò e contro	pro y contra
	prone		
probe		probo,-a	probo,-a
x prouver beweisen	x to prove	x provare	x probar
x éprouver erproben			
x probable	x probable	probàbile	x probable
x la preuve Beweis	x proof	x la prova	x la prueba
x l'épreuve Probe			
approuver	x to approve	approvare	x aprobar
proche			
x prochain,-e		x pròssimo,-a	x próximo,-a
x (s')approcher	x to approach		
x propre eigen; geeignet	x proper passend, geeignet	x proprio,-a eigen(tlich)	x propio,-a eigen, typisch
x la propriété *la propreté Sauberkeit*	x property *propriety Richtigkeit*	x la proprietà	x la propiedad
prospère	prosperous	pròspero,-a	próspero,-a
x la province *la Provence*	province	la provincia	x la provincia
provincial,-e	provincial	provinciale	provincial
la pudeur		il pudore	el pudor
pudique		pudibondo,-a	púdico,-a
impudent,-e	impudent	impudente	impudente
l'impudence	impudence	l'impudenza	la impudencia

Kindheit, Jugendzeit		pueritia,-ae f
kindlich; kindisch	+	puerīlis,-e
Junges; Küken	°	pullus,-ī m

Faust	°	pūgnus,-ī m	669
Kampf, Schlacht		pūgna,-ae f	
kämpfen		pūgnāre	
erstürmen, erobern		expūgnāre	
bestürmen, angreifen		oppūgnāre	
schön		pulcher,-chra,-chrum	670
Staub		pulvis,-eris m	671

stechen	+	pungere, pupugī, pūnctum	672
Punkt	+	pūnctum,-ī n	
	−	pūncta,-ae f	

Heck; Schiff	+	puppis,-is f	673
Purpur; Purpurkleid	+	purpura,-ae f	674
rein, klar		pūrus,-a,-um	675
reinigen; rechtfertigen	+	pūrgāre	
meinen, glauben, halten für		putāre	676
(ringsum) beschneiden, abschneiden	+	amputāre	
zusammenrechnen, berechnen	°	computāre	

erörtern, untersuchen		disputāre	
überdenken		reputāre	
Grube; Brunnen	°	puteus,-ī m	677
suchen; fragen		quaerere,-sīvī,-sītum	678
bitte		quaesō	
Quästor		quaestor,-ōris m	
Frage; Untersuchung		quaestiō,-ōnis f	
Erwerb		quaestus,-ūs m	
(hinzu)erwerben	+	acquīrere	
zusammensuchen, sammeln		conquīrere	
aussuchen; untersuchen		exquīrere	
ausgesucht, vorzüglich	°	exquīsītus,-a,-um	
nachforschen, untersuchen	+	inquīrere	
aufsuchen; verlangen		requīrere	

F	E	I	S
puéril,-ile		puerile	pueril
x le poulet Hühnchen		il pollo	x el pollo
x *la poule Huhn*			
x le poing		il pugno	x el puño
x la poussière		x la pólvere	x el polvo
la poudre Puder	x *powder*		*los polvos*
		pùngere	punzar
x le point	x point	x il punto	x el punto
x la pointe Spitze	x point	x la punta	x la punta
la poupe		la poppa	la popa
la pourpre	purple	la pórpora	la púrpura
x pur,-e	x pure	x puro,-a	x puro,-a
	to purge		
amputer	to amputate	amputare	amputar
x compter	x to count	x contare;computare	x contar;computar
x (ra)conter erzählen	to compute	x *raccontare*	x *contar*
x disputer	to dispute	disputare	x disputar
x le puits	pit		x el pozo
		x chièdere fragen,bitten	x *querer wollen,lieben*
x la question	x question	x la questione	x la cuestión
x acquérir	x to acquire	x acquistare	x adquirir
conquérir erobern	x *to conquer*	x *conquistare*	*conquistar*
exquis,-e	exquisite	squisito,-a	x exquisito,-a
s'enquérir	x to inquire		
	x to require verlangen		requerir erfordern
	x to request bitten		

schütteln; stoßen	quatere,-iō,-, quassum 679
erschüttern; beschädigen	° quassāre
erschüttern	concutere,-iō,-cussi,-cussum
zerschlagen, sprengen	° discutere
	- discussiō,-ōnis f
vier	quattuor 680
vierter	quārtus,-a,-um
Viertel	° quārtārius,-iī m
und	-que 681
(be)klagen; sich beklagen	querī, questus sum 682
Klage, Beschwerde	querēla,-ae f
Ruhe	quiēs,-ētis f 683
ruhig	quiētus,-a,-um
unruhig	° inquiētus,-a,-um
	- inquiētūdō,-inis f
still, ruhig	tranquillus,-a,-um
Stille, Ruhe	° tranquillitās,-ātis f
wer? was?	quis, quid 684
wer denn?	quisnam
(irgend) jemand	quisquam, quicquam
jeder (einzelne)	quisque
jeder einzelne	ūnusquisque, ūnaquaeque, ūnumquodque
wer auch immer	quisquis, quidquid
wer (?), welcher (?)	quī, quae, quod (relativ/interrogativ)
wer/welcher auch immer	quīcumque, quaecumque, quodcumque
ein gewisser; einige	quīdam, quaedam, quoddam / quiddam
jeder beliebige	quīvīs, quaevīs, quodvīs / quidvīs
wie (beschaffen) (?)	quālis,-e (relativ/interrogativ)
Beschaffenheit, Eigenschaft	° quālitās,-ātis f
wie groß (?)	quantus,-a,-um (relativ/interrogativ)
wieviel (?)	quantum
je ... desto	quantō ... tantō
	- quantitās,-ātis f

F	E	I	S
x casser zerbrechen			
x *discuter erörtern*	x *to discuss*	x *discùtere*	x *discutir*
x la discussion	discussion	x la discussione	la discusión
x quatre	x four	x quattro	x cuatro
x quart,-e		x quarto,-a	x cuarto,-a
x le quartier	x quarter	x il quartiere	el cuartel
la querelle Streit	x *quarrel*	la querela	la querella
	x quiet	la quiete	la quietud
	x quiet	quieto,-a	x quieto,-a
x inquiet,-ète	unquiet	x inquieto,-a	x inquieto,-a
x l'inquiétude Unruhe		x l'inquietùdine	la inquietud
x tranquille	tranquil	x tranquillo,-a	x tranquilo,-a
la tranquillité	tranquillity	la tranquillità	la tranquilidad
x qui? quoi?		x chi? che?	x qué?
x que? was?(Akk.)			
x qui (Nom.)		x chi (Nom.)	x que
x que (Akk.)		x che (Akk.)	
quiconque		chiunque	
x quel,-le		x quale	x cuál
x la qualité	x quality	x la qualità	x la c(u)alidad
x *quant à* was betrifft		x quanto,-a	x cuánto,-a
la quantité	x quantity	la quantità	x la c(u)antidad

wie, wie sehr; als (beim Vergleich); möglichst (beim Superlativ)	quam Adv.	
wann? als	quandō	
wie?	quī Adv.	

warum nicht?
   daß; der/die/das nicht
	quīn (Adv./
	   Konjunktion/relativ)	

ja sogar	quīn etiam	
vergeblich	nēquīquam	
zwar, wenigstens, freilich, wirklich	quidem	
allerdings, freilich	equidem	
freilich, ja	quippe	
einst; später einmal	quondam	
wie oft?	quotiēns	
warum? weshalb?	cūr	
wo? wie? wo	quā Adv.	
wodurch? warum?	quārē	
wodurch? wohin? wozu?	quō Abl./Adv.	
je ... desto	quō ... eō	
auch	quoque	
daß	quōminus	
soweit; (solange) bis	quoad	
obwohl, obgleich; doch, indessen	quamquam	
wie (sehr) auch; obwohl, obgleich	quamvīs	
da ja, weil nun	quōniam	
daß; weil	quod	
weil	quia	
Tollwut, Raserei	° rabiēs,-ēī f	685
kratzen; schaben	° rādere,-sī,-sum	686
Strahl	+ radius,-iī m	687
Wurzel	+ rādīx,-īcis f	688
Ast, Zweig	rāmus,-ī m	689
rauben, fortreißen	rapere,-iō,-uī,-tum	690
Raub	rapīna,-ae f	
reißend, schnell	rapidus,-a,-um	
an sich reißen	arripere,-iō,-uī,-reptum	
wegreißen; plündern	dīripere	
entreißen	ēripere	
sich aneignen; gebrauchen	+ ūsurpāre	
selten, vereinzelt	rārus,-a,-um (Adv.-ō)	691

F	E	I	S
x que als (beim Komparativ)		x che als (beim Komparativ)	
x quand (?)		x quando (?)	x cuándo? cuando

x car denn

F	E	I	S
la rage Wut	rage	la rabbia	x la rabia
x raser rasieren		*ràdere*	
x le rayon	ray	x il raggio	x el rayo
la racine	radish	la radice	x la raíz
le rameau		il ramo/la rama	x el ramo/la rama
ravir		rapire	
la rapine		la rapina	la rapiña
x rapide	rapid	x ràpido,-a	x rápido,-a

F	E	I	S
usurper	to usurp	usurpare	usurpar
x rare	x rare	x raro,-a	x raro,-a

Floß; Schiff	<u>ratis</u>,-is f	692
frisch, neu	<u>recēns</u>,-ntis	693
lenken, leiten	<u>regere</u>, rēxī, rēctum	694
gerade; richtig	rēctus,-a,-um	
Richtung; Gegend	regiō,-ōnis f	
Lenkung, Leitung	° regimen,-inis n	
berichtigen	+ corrigere	
Verbesserung	° corrēctiō,-ōnis f	
gerade machen; ausrichten an	+ dīrigere	
geradlinig, gerade	° dīrēctus,-a,-um	
	- dīrēctor,-ōris m	
	- dīrēctiō,-ōnis f	
aufrichten	ērigere	
fortsetzen, fortfahren; aufbrechen	pergere, perrēxī,-rēctum	
ausstrecken, darreichen	porrigere	
sich erheben	surgere, surrēxī,-rēctum	
König	rēx, rēgis m	
Königin	+ rēgīna,-ae f	
königlich	rēgius,-a,-um / rēgālis,-e	
Königreich; Herrschaft	rēgnum,-ī n	
König sein, herrschen	rēgnāre	
Richtschnur; Maßstab, Regel	+ rēgula,-ae f	
	- (ir)rēgulāris,-e	
	- rēgulāre	
fragen, bitten	rogāre	
Bitte, Antrag	rogātiō,-ōnis f	
anmaßend	° arrogāns,-ntis	
Anmaßung	+ arrogantia,-ae f	
fragen, befragen	interrogāre	
Ruder	+ <u>rēmus</u>,-ī m	695
plötzlich	<u>repente</u> Adv.	696
plötzlich, unerwartet	repentīnus,-a,-um	

récent,-e	x recent	recente	x recién/reciente
	x right	retto,-a	recto,-a
x la region	region	x la regione	x la región
x le régime		il regime	el régimen
le régiment	regiment	il reggimento	el regimiento
corriger	x to correct	corrègere	x corregir
correct,-e	x correct	*corretto,-a*	x *correcto,-a*
la correction	correction	la correzione	la corrección
x diriger lenken	x to direct	x dirìgere	x dirigir
x droit,-e rechter...		x diritto,-a	x derecho,-a
direct,-e	x *direct*	*diretto,-a*	x *directo,-a*
x *le droit Recht*	*right*	x *il diritto*	x *el derecho*
x le directeur	director	x il direttore	el director
x *la directrice*	*directress*	x *la direttrice*	*la directriz*
x la direction	x direction	la direzione	x la dirección
Richtung; Leitung			
ériger	to erect	erìgere	erigir
surgir	*surge Brandung*	x sòrgere	x surgir
x *la source Quelle*	x *source*	*la sorgente*	
x le roi		x il re	x el rey
la reine		la regina	la reina
royal,-e	royal	x re(g)ale	x real
le règne	reign	il regno	el reino
régner	to reign	regnare	reinar
x la règle	x rule	x la règola	x la regla
x (ir)régulier,-ère	x (ir)regular	x (ir)regolare	x (ir)regular
x régler	to regulate	x regolare	x regular
	x *to rule regieren*		
			x rogar
arrogant,-e	arrogant	arrogante	arrogante
l'arrogance	arrogance	l'arroganza	la arrogancia
x interroger	to interrogate	x interrogare	interrogar
la rame	x *to row rudern*	il remo	el remo
		di repente	x de repente
		repentino,-a	repentino,-a

rechnen, meinen	rērī, ratus sum	697
Berechnung, Überlegung; Vernunft(grund); Art und Weise; Theorie, Lehre	ratiō,-ōnis f	
-	ratiōnābilis,-e	
Sache, Ding; Ereignis, Lage	rēs, reī f	698
Vermögen	rēs familiāris	
Kriegswesen	rēs mīlitāris	
Gemeinwesen, Staat	rēs pūblica	
Unglück / Glück	rēs adversae / secundae	
Taten, Leistungen; Ereignisse	rēs gestae	
Umsturz	rēs novae	
Angeklagter	reus,-ī m	
lachen	rīdēre,-sī,-sum	699
Lachen	° rīsus,-ūs m	
lächerlich; spaßhaft	+ rīdiculus,-a,-um	
lächeln	° subrīdēre	
Starrheit; Härte, Strenge	° rigor,-ōris m	700
starr, steif; unbeugsam	+ rigidus,-a,-um	
Ufer	rīpa,-ae f	701
(heiliger) Brauch; Sitte, Art	+ rītus,-ūs m	702
Bach	+ rīvus,-ī m	703
Nebenbuhler, Rivale	° rīvālis,-is m	
ableiten	° dērīvāre	
Hartholz; Stärke; Kerntruppen	rōbur,-oris n	704
stark, kräftig	+ rōbustus,-a,-um	
Rose	° rosa,-ae f	705
Rad	+ rota,-ae f	706
rund	+ rotundus,-a,-um	
rot	+ ruber,-bra,-brum	707
Röte; Scham(röte)	+ rubor,-ōris m	
rot werden	° rubēscere,-buī	
roh, unbearbeitet; unerfahren	+ rudis,-e	708
bilden, unterrichten	ērudīre	

F	E	I	S
	x rate Verhältnis		
x la raison	x reason	x la ragione	x la razon
la ration	*ration*	*la razione*	*la ración*
raisonnable	x reasonable	ragionévole	razonable
vernünftig; angemessen			
x rien nichts			
x réel,-le wirklich	*x real*	*x reale*	*x real*
x la réalité	*x reality*	*x la realtà*	*x la realidad*
x réaliser	*x to realize*	*realizzare*	*realizar*
la république	republic	la repùbblica	la república
x rire	to deride	x rìdere	x reír
	verlachen		
x le rire		x il riso	x la risa
x ridicule	ridiculous	x ridìcolo,-a	x ridículo,-a
x sourire		x sorrìdere	x sonreír
x le sourire Lächeln		*il sorriso*	*la sonrisa*
la rigueur	rigo(u)r	il rigore	x el rigor
rigide	rigid	rìgido,-a	rígido,-a
la rive	x river	la riva	la ribera
x la rivière Fluß			
x arriver ankommen	*x to arrive*	*x arrivare*	
le rite	rite	il rito	el rito
			x el río Fluß,Strom
le rival	rival	il rivale	el rival
dériver	to derive	derivare	derivar
robuste	robust	robusto,-a	robusto,-a
x la rose	x rose	x la rosa	x la rosa
x la roue		x la ruota	x la rueda
x rond,-e	x round	x rotondo,-a	x redondo,-a
x rouge	x red	x rosso,-a	x rojo,-a
la rougeur		il rossore	el rubor
x rougir		x arrossire	
x rude rauh,grob	x rude unhöflich	rude rauh	x rudo,-a roh,rauh, ungebildet

stürzen	ruere, ruī, rutum	709
Einsturz	ruīna,-ae f	
Trümmer, Ruine(n)	ruīnae,-ārum f	
überschütten, bedecken	obruere	
Gerede, Gerücht, Ruf	rūmor,-ōris m	710
brechen, sprengen	rumpere, rūpī, ruptum	711
verderben; bestechen	corrumpere	
Bestechung; Verderbtheit	° corruptiō,-ōnis f	
hervorbrechen lassen; hervorbrechen	ērumpere	
Ausbruch	+ ēruptiō,-ōnis f	
unterbrechen	° interrumpere	
Land; Landgut	rūs, rūris n	712
ländlich, bäuerlich	+ rūsticus,-a,-um	
Sack	° saccus,-ī m	713
heilig, geweiht; verflucht	sacer,-cra,-crum	714
Heiligtum; Opfer	sacrum,-ī n	
Eid, Diensteid	+ sacrāmentum,-ī n	
weihen	cōnsecrāre	
Priester; Priesterin	sacerdōs,-ōtis m/f	
opfern	° sacrificāre	
Opfer	+ sacrificium,-iī n	
festsetzen	+ sancīre, sānxī, sānctum	
heilig; ehrwürdig	sānctus,-a,-um	
Zeitalter; Jahrhundert	saeculum,-ī n	715
oft	saepe Adv.	716
wütend, grimmig	saevus,-a,-um	717
scharfsinnig	+ sagāx,-ācis	718
Pfeil	sagitta,-ae f	719
Salz; Meer	+ sāl, salis m	720
Salzration; Sold, Diäten	° salārium,-iī n	
springen, hüpfen	+ salīre,-uī	721
Sprung	+ saltus,-ūs m (1)	
tanzen	+ saltāre	
aufspringen; jauchzen, frohlocken	+ exsultāre	
herumspringen auf; (ver)höhnen	° īnsultāre	

la ruine	x ruin	la rovina	la ruina
ruiner ruinieren	x *to ruin*	*rovinare*	*arruinar*
la rumeur	rumo(u)r	il rumore	x el rumor
rompre		x rómpere	x romper
corrompre	to corrupt	corrómpere	corromper
la corruption	corruption	la corruzione	la corrupción
l'éruption	eruption	l'eruzione	la erupción
x interrompre	x to interrupt	x interrómpere	x interrumpir
rural,-e	*rural*	*rurale*	*rural*
* ländlich, Land-*			
rustique	rustic	rùstico,-a	rústico,-a
x le sac	x sack	x il sacco	x el saco
x sacré,-e	sacred	x sacro,-a	x sagrado,-a
le serment			
le sacrement	*sacrament*	*il sacramento*	*el sacramento*
x consacrer	to consecrate	consacrare	consagrar
* weihen; widmen*			
		il sacerdote	x el sacerdote
sacrifier	x to sacrifice	sacrificare	sacrificar
x le sacrifice	x sacrifice	x il sacrificio	x el sacrificio
la sanction	*sanction*	*la sanzione*	*la sanción*
x saint,-e	saint	x santo,-a	x santo,-a
x le siècle		x il sècolo	x el siglo
sagace	sagacious	sagace	sagaz
			la saeta
x le sel	x salt	x il sale	x la sal
le salaire *Gehalt*	x salary	il salario	el salario
		x *salire steigen*	x *salir hinausgehen*
le saut		il salto	el salto
x sauter		x saltare	x saltar
* (über)springen*			
exulter	to exult	esultare	exultar
insulter	to insult	insultare	x insultar

zurückspringen; widerhallen	° resultāre	
Schlucht, Waldtal, Paß	saltus,-ūs m (2)	722
Gesundheit; Heil, Wohl; Rettung; Gruß	salūs,-ūtis f	723
heilsam	+ salūtāris,-e	
grüßen, begrüßen	salūtāre	
wohlbehalten, unverletzt	salvus,-a,-um	
	− salvāre	
fest; echt, gediegen	+ solidus,-a,-um	
Blut	sanguis,-inis m	724
gesund; besonnen, vernünftig	sānus,-a,-um	725
wirklich	sānē Adv.	
Gesundheit	° sānitās,-ātis f	
wahnsinnig, rasend	īnsānus,-a,-um	
schmecken; verständig sein	+ sapere,-iō,-iī	726
verständig, weise	sapiēns,-ntis	
Einsicht; Weisheit	sapientia,-ae f	
Geschmack	° sapor,-ōris m	
genug	satis / sat Adv.	727
Genüge tun	+ satisfacere	
Genugtuung	° satisfactiō,-ōnis f	
Satire	° satura,-ae f	
Fels, Felsblock	saxum,-ī n	728
Bühne, Schauplatz	+ scaena,-ae f	729
Leiter, Treppe	° scālae,-ārum f	730
hinaufsteigen, erklimmen	ascendere,-dī,-sum	
herabsteigen, hinabsteigen	dēscendere	
Verbrechen, Frevel	scelus,-eris n	731
verbrecherisch, frevelhaft	scelestus,-a,-um	
verbrecherisch, frevelhaft	scelerātus,-a,-um	
Lehrvortrag; Schule	+ schola,-ae f	732
wissen, verstehen	scīre	733
Wissen(schaft), Kenntnis	scientia,-ae f	

F	E	I	S
résulter sich ergeben	x to result	risultare	resultar
x le résultat	x result	x il resultato	x el resultado

le salut	salute
	  Gruß,Salut
		x la salute
		  Gesundheit
		x il saluto Gruß
			x la salud
			  Gesundheit
			el saludo Gruß

salutaire	salutary	salutare	saludable
x saluer	to salute	x salutare	x saludar
sauf,-ve	x safe sicher	salvo,-a	salvo,-a
x sauver retten	x to save	x salvare	x salvar
x solide	x solid	sòlido,-a	x sólido,-a
x le sang		x il sangue	x la sangre
sain,-e	x sound sane vernünftig	x sano,-a	x sano,-a
x la santé	sanity	la sanità	la sanidad
	insane	insano,-a	insano,-a
x savoir		x sapere	x saber
x sage savant,-e gelehrt	sage	saggio,-a	sabio,-a
la sagesse		x la sapienza	la sabiduría
la saveur	savour	il sapore	el sabor

x assez genug,
  ziemlich
		x assai viel,sehr;
		  genug,ziemlich	

satisfaire	x to satisfy	sod(d)isfare	x satisfacer
x la satisfaction	x satisfaction	la sod(d)isfazione	la satisfacción
la satire	satire	la satira	la sátira
x la scène	x scene	x la scena	x la escena

x l'échelle Leiter;
  Maßstab
	x scale Maßstab;
	  Tonleiter
		x la scala Treppe;
		  Leiter;Maßstab
			x la escala
			  Leiter;Maßstab

x l'escalier m
  Treppe
			x la escalera
			  Treppe;Leiter

	to ascend	ascéndere	ascender
x descendre	to descend	x (di)scéndere	x descender
x l'école	x school	x la scuola	x la escuela
x la science	x science	x la scienza	x la ciencia

mitwissend; bewußt		cōnscius,-a,-um
Mitwisserschaft; Bewußtsein, Gewissen		cōnscientia,-ae f
nicht wissen		nescīre
unwissend	+	nescius,-a,-um
schreiben		scrībere, scrīpsī, scrīptum 734
Schrift, Buch	°	scrīptum,-ī n
Schreiben; Schriftstück	°	scrīptūra,-ae f
verfassen; (Truppen) ausheben		cōnscrībere
(ab)zeichnen; beschreiben	+	dēscrībere
Zeichnung; Beschreibung	°	dēscrīptiō,-ōnis f
hineinschreiben, daraufschreiben	+	īnscrībere
vorschreiben, verordnen	+	praescrībere
öffentlich anschlagen, ächten	+	prōscrībere
schnitzen, meißeln	°	sculpere, sculpsī,-tum 735
	-	sculptor,-ōris m
	-	sculptūra,-ae f
(ab-, durch-)schneiden		secāre,-uī,-tum 736
	-	īnsectum,-ī n
aber, sondern		sed 737
sitzen		sedēre, sēdī, sessum 738
Sitzen, Sitzung	°	sessiō,-ōnis f
Sitz; Wohnsitz		sēdēs,-is f
Stuhl, Sessel	+	sella,-ae f
Hinterhalt; Anschlag		īnsidiae,-ārum f
belagern		obsidēre
Geisel		obses,-idis m/f
besitzen		possidēre
Besitz		possessiō,-ōnis f
beschützen; leiten, befehligen	°	praesidēre
Schutz; Besatzung		praesidium,-iī n
Reserve(truppen); Hilfe		subsidium,-iī n
sich setzen, sich niederlassen		cōnsīdere,-sēdī,-sessum
besetzen	+	obsīdere
einmal		semel Adv. 739
immer		semper Adv.

F	E	I	S
conscient,-e	x conscious	cosciente	consciente
x la conscience	x conscience	x la coscienza	x la conciencia
	x *nice hübsch,nett*		
x écrire		x scrîvere	x escribir
l'écrit m	script	il scritto	x el escrito
l'écriture	scripture	la scrittura	x la escritura
décrire	x to describe	descrîvere	x describir
la description	x description	la descrizione	la descripción
inscrire einschreiben	to inscribe	inscrîvere	inscribir
prescrire	to prescribe	prescrîvere	prescribir
proscrire	to proscribe	proscrîvere	proscribir
sculpter	to sculpture	scolpire	esculpir
x le sculpteur Bildhauer	sculptor	il scultore	el escultor
x la sculpture	sculpture	la scultura	la escultura
scier sägen	x *to saw*	secare	segar
x l'insecte m	x insect	l'insetto m	el insecto
x être assis	x to sit	x esser(e)/star(e) seduto	x estar sentado
la session/séance	session	la seduta	la sesión
x le siège	x seat	la sede	
		x la sedia Stuhl	x la silla Stuhl;
la selle Sattel	x *saddle*	*la sella*	*Sattel*
l'otage	hostage	l'ostaggio	
x posséder	x to possess	x possedere	x poseer
x la possession	x possession	x il possesso	x la posesión
présider	to preside	presièdere	presidir
x *le président*	x *president*	x *il presidente*	x *el presidente*
		il presidio	
x s'asseoir	x to sit down	x sedersi	x sentarse
		x sempre	x siempre

einfach; schlicht		simplex,-icis
Einfachheit	°	simplicitās,-ātis f
einzeln(e); je einer		singulī,-ae,-a
einzeln; einzigartig		singulāris,-e
ähnlich		similis,-e
zugleich		simul Adv.
so tun, als ob; vortäuschen		simulāre
Abbild; Trugbild		simulācrum,-ī n
unähnlich		dissimilis,-e
so tun, als ob nicht; verheimlichen		dissimulāre
alt; Greis		senex, senis (m) 740
älter	+	senior
(hohes) Alter		senectūs,-ūtis f
greisenhaft	+	senīlis,-e
Senat, Senatsversammlung		senātus,-ūs m
Senator		senātor,-ōris m
empfinden, fühlen, wahrnehmen; meinen		sentīre, sēnsī, sēnsum 741
Empfinden, Gefühl, Sinn; Verstand		sēnsus,-ūs m
Meinung; Satz; Urteil		sententia,-ae f
zustimmen, beipflichten		assentīrī
übereinstimmen		cōnsentīre
Übereinstimmung		cōnsēnsus,-ūs m
verschiedener Meinung sein, nicht übereinstimmen		dissentīre
bestatten, begraben	+	sepelīre,-īvī, sepultum 742
Grab		sepulcrum,-ī n
folgen		sequī, secūtus sum 743
zweiter; günstig		secundus,-a,-um
unmittelbar nach; entlang; gemäß		secundum m.Akk.
anders		secus Adv.
einholen, erreichen		assequī
nachfolgen; einholen, erreichen		cōnsequī
	-	cōnsequentia,-ae f

F	E	I	S
x simple	x simple	x sémplice	x simple
la simplicité	x simplicity	la semplicità	la simplicidad
	x single	x sìngolo,-a	
x singulier,-ère	singular	singolare	singular
x semblable	similar	x sìmile	x semejante
sembler scheinen	x *same der-,die-,*		
	dasselbe		
x ensemble			
simuler	to simulate	simulare	simular
		dissìmile	desemejante
dissimuler		dissimulare	disimular
x *le seigneur Herr*	senior	seniore	
x *monsieur Herr*		x *il signore*	x *señor*
		x *la signora Frau*	x *señora*
sénile	senile	senile	senil
le sénat	senate	il senato	el senado
le sénateur	senator	il senatore	el senador
x sentir	to sense	x sentire	x sentir
x le sens	x sense	x il senso	x el sentido
la sentence	x sentence	la sentenza	la sentencia
	to assent		
x consentir	to consent		x consentir
zustimmen			
le consentement	consent	il consenso	el consentimiento
Zustimmung			
	to dissent		
		seppellire	sepultar
	sepulchre	il sepolcro	el sepulcro
x suivre		x seguire	x seguir
x *suivant,-e*		x *seguente*	x *siguiente*
folgend			
x second,-e	x second	x secondo,-a	x segundo,-a
x *la seconde Sekunde*	x *second*	*il secondo*	x *el segundo*
		x secondo	x según
			x conseguir
x la conséquence	consequence	x la conseguenza	x la consecuencia

verfolgen; ausführen, vollziehen		exsequī
auf dem Fuße folgen; verfolgen		īnsequī
verfolgen		persequī
geleiten, verfolgen	`+	prōsequī
(unmittelbar) folgen		subsequī
gemeinsam, verbündet; Partner, Gefährte, Bundesgenosse		socius,-a,-um
Gemeinschaft, Bündnis		societās,-ātis f
gesellschaftlich; ehelich; Bundesgenossen-	°	sociālis,-e
	-	associāre
heiter	+	serēnus,-a,-um	744
aneinanderreihen	+	serere (1),-uī,-tum	745
Reihe	+	seriēs,-ēī f
Gespräch; Sprache		sermō,-ōnis m
Los, Schicksal		sors, sortis f
(aus)losen, erlosen; erlangen	+	sortīrī
verlassen, im Stich lassen		dēserere
verlassen; einsam, öde	+	dēsertus,-a,-um
erörtern		disserere
einreihen, einfügen	+	īnserere
zumal, besonders		praesertim Adv.
säen, pflanzen		serere (2), sēvī, satum	746
Same		sēmen,-inis n
ernsthaft, ernst	+	serius,-a,-um	747
Schlange	+	serpēns,-ntis m/f	748
spät, zu spät		sērus,-a,-um (Adv.-ō)	749
beachten, erhalten, bewahren		(cōn)servāre	750
beobachten; beachten, einhalten		observāre
Beobachtung	°	observātiō,-ōnis f
aufbewahren	+	reservāre
Sklave; Sklavin		servus,-ī m / serva,-ae f	751
sklavisch, Sklaven-	˙	servīlis,-e

F	E	I	S
x exécuter	to execute	eseguire	x ejecutar
x *ensuite dann, darauf, danach*	to ensue *folgen, sich ergeben*	inseguire	
persécuter	to persecute	perseguire perseguitare	x perseguir
x poursuivre	to pursue to prosecute	*proseguire fort-setzen, -fahren*	proseguir
		susseguire	subseguir
		il socio	el socio
x la société	x society	x la società	x la sociedad
social, -e	x social	x sociale	social
x associer *vereinigen, verbinden*	to associate	associare	asociar
serein, -e	serene	sereno, -a	sereno, -a
x la série	series	x la serie	x la serie
le sermon Predigt	*sermon*	*il sermone*	*el sermón*
x le sort		x la sorte	x la suerte
x *la sorte Sorte*	x *sort*	*la sorta*	
x *sortir hinaus-gehen*	x *to sort sortieren*	sorteggiare *auslosen*	sortear *auslosen*
déserter	x to desert	disertare	desertar
désert, -e	x desert	x deserto, -a	x desierto, -a
x *le désert Wüste*	x *desert*	x *il deserto*	x *el desierto*
insérer	to insert	inserire	insertar
x semer	x to sow	seminare	x sembrar
la saison Jahreszeit	x *season*		
la semence	x seed	il seme	la simiente
x sérieux, -euse	x serious	x serio, -a	x serio, -a
x le serpent	serpent	il serpente	la serpiente
x *le soir/la soirée Abend*		x *la sera/serata*	
x conserver	to conserve	x conservare	x conservar
x observer	x to observe	x osservare	x observar
l'observation	x observation	l'osservazione	la observación
x réserver	x to reserve	x riservare	x reservar
servile	servile	servile	servil

Sklavendienst; Sklaverei	servitium,-iī n	
Sklaverei, Knechtschaft	servitūs,-ūtis f	
Sklave sein, dienen	servīre	
ernst, streng	severus,-a,-um	752
Ernst, Strenge	+ severitās,-ātis f	
beharren, fortfahren	+ perseverāre	
Geschlecht	+ sexus,-ūs m	753
wenn; ob	sī	754
wenn aber	sīn	
sei es, daß ... oder daß	sīve ... sīve / seu... seu	
wenn auch, obgleich	etsī / etiamsī / tametsī	
wenn nicht	nisi / nī	
nur	nōn ... nisi	
wie wenn; gleichsam	quasi	
wenn nun, wenn aber	quodsī	
so	sīc	
(so) wie	sīcut(ī)	
trocken	siccus,-a,-um	755
austrocknen	° siccāre	
Stern, Gestirn	sīdus,-eris n	756
betrachten, überlegen	cōnsīderāre	
	- cōnsīderātiō,-ōnis f	
vermissen, ersehnen, begehren	dēsīderāre	
Sehnsucht, Verlangen	dēsīderium,-iī n	
Zeichen, Feldzeichen; Bild, Plastik	signum,-ī n	757
Siegel	° sigillum,-ī n	
bezeichnen	+ sīgnāre	
zuweisen	+ assīgnāre	
bezeichnen	+ dēsīgnāre	
ungültig machen	° resīgnāre	
kenntlich; auffallend	īnsīgnis,-e	
Kennzeichen, Ehrenzeichen	+ īnsīgne,-is n	
bezeichnen; bedeuten	sīgnificāre	

F	E	I	S
x le service 　Dienst, Bedienung	x service	x il servizio	x el servicio
la servitude	servitude	la servitù	la servidumbre
x servir dienen 　*la servante Magd*	x to serve x *servant Diener*	x servire	x servir 　*el sirviente*
sévère	x severe	severo,-a	x severo,-a
la sévérité	severity	la severità	la severidad
persévérer	to persevere	perseverare	perseverar
le sexe	sex	il sesso	el sexo
x si		x se	x si
x si; ainsi		x così	x así
x sec,sèche		x secco,-a	x seco,-a
x sécher		seccare	x secar
x considérer	x to consider	x considerare	considerar
la considération 　Betrachtung, Berücksichtigung	x consideration	x la considerazione	x la consideración
x désirer	x to desire	x desiderare	x desear
x le désir	x desire	x il desiderio	x el deseo
x le signe	x sign	il segno	x el signo
le sceau	seal	il sigillo	x el sello
x signer unter- 　zeichnen	to sign unter- 　zeichnen	segnare 　(an)zeigen	
assigner	to assign	assegnare	asignar
x désigner	to designate	designare	x designar
x *dessiner zeichnen*	*to design*	x *disegnare*	*diseñar*
x *le dessin* 　*Zeichnung*	*design*	x *il disegno*	*el diseño*
se résigner 　*sich fügen*	x *to resign verzich-* 　*ten;zurücktreten*	*rassegnarsi* 　*sich fügen*	*resignarse* 　*sich fügen*
			insigne
l'insigne m	ensign	l'insegna f	la insignia
x signifier	to signify	x significare	x significar

Bedeutung	° sīgnificātiō,-ōnis f	
schweigen	+ silēre,-uī	758
Schweigen, Stille	silentium,-iī n	
	- silentiōsus,-a,-um	
Wald	silva,-ae f	759
aufrichtig	+ sincērus,-a,-um	760
ohne	sine m.Abl.	761
lassen, zulassen	sinere, sīvī, situm	762
gelegen, befindlich	situs,-a,-um	
Lage, Stellung	+ situs,-ūs m	
ablassen, aufhören	dēsinere,-siī,-situm	
links, ungeschickt; ungünstig	sinister,-tra,-trum	763
Bucht; Gewandbausch, Busen	sinus,-ūs m	764
Durst	sitis,-is f	765
Sonne	sōl, sōlis m	766
trösten; lindern	(cōn)sōlārī	767
Trost	° cōnsōlātiō,-ōnis f	
gewohnt sein, pflegen	solēre, solitus sum	768
ungewohnt; überheblich	+ īnsolēns,-ntis	
ungewohnte Art; Anmaßung	° īnsolentia,-ae f	
Grund, Boden	solum,-ī n	769
allein, einsam	sōlus,-a,-um	770
nur	sōlum Adv.	
Einsamkeit, Verlassenheit	sōlitūdō,-inis f	
lösen; (be)zahlen	solvere,-vī, solūtum	771
freisprechen; vollenden	absolvere	
vollendet, vollkommen	° absolūtus,-a,-um	
auflösen; (be)zahlen	+ dissolvere	
(auf)lösen	° resolvere	
Schlaf	somnus,-ī m	772
Traum	somnium,-iī n	
träumen	° somniāre	
tönen, ertönen, klingen	sonāre,-uī	773

F	E	I	S
la signification	signification	la significazione	la significación
	silent still		
x le silence	x silence	x il silenzio	x el silencio
x silencieux,-euse		x silenzioso,-a	silencioso,-a
still, ruhig			
sincère	x sincere	sincero,-a	x sincero,-a
x sans		x senza	x sin
situé,-e	situated	situato,-a	
le site	site		
x la situation	*x situation*	*x la situazione*	*x la situación*
sinistre	sinister	sinistro,-a	siniestro,-a
unheilvoll		*x la sinistra Linke*	
x le sein		il seno	el seno
x la soif		x la sete	x la sed
x le soleil		x il sole	x el sol
x consoler	to console	x consolare	x consolar
la consolation	consolation	la consolazione	el consuelo
		solere	x soler
insolent,-e frech	insolent	insolente	insolente
l'insolence	insolence	l'insolenza	la insolencia
Unverschämtheit			
x le sol	x soil	x il suolo	x el suelo
x seul,-e	*sole alleinig*	x solo,-a	x solo,-a
la solitude	solitude	la solitùdine	la soledad
	x to solve	sciògliere	
absoudre	to absolve	assòlvere	absolver
x absolu,-e	x absolute	x assoluto,-a	x absoluto,-a
unumschränkt, unbedingt			
dissoudre	to dissolve	dissòlvere	disolver
auflösen, zersetzen			
x résoudre	to resolve	risòlvere	x resolver
lösen; beschließen			
x le sommeil		x il sonno	x el sueño
le songe		x il sogno	x el sueño
x songer träumen,		x sognare	x soñar
denken			
x sonner	x to sound	x suonare	x sonar

Ton, Klang, Laut	sonus,-ī m	
ertönen, widerhallen	+ resonāre	
aufsaugen, verschlingen	° ab-sorbēre,-uī	774
schmutzig; niederträchtig	sordidus,-a,-um	775
Schwester	soror,-ōris f	776
ausstreuen, zerstreuen	spargere,-sī,-sum	777
zerstreuen; verbreiten	dispergere	
Raum; Strecke; Zeitraum	spatium,-iī n	778
geräumig, ausgedehnt	° spatiōsus,-a,-um	
Aussehen; Anschein; Art	speciēs,-ēī f	779
	- speciālis,-e	
schauen, betrachten	spectāre	
Zuschauer	° spectātor,-ōris m	
Schauspiel	spectāculum,-ī n	
ausschauen, (er)warten	exspectāre	
erblicken; ansehen	aspicere,-iō,-spexī,-spectum	
Anblick, Aussehen	+ aspectus,-ūs m	
erblicken	cōnspicere	
Anblick; Blickfeld	cōnspectus,-ūs m	
sichtbar; auffallend	+ cōnspicuus,-a,-um	
herabblicken; verachten	dēspicere	
hinblicken, zusehen	° īnspicere / īnspectāre	
durchschauen; genau betrachten; erkennen	perspicere	
voraussehen; sorgen für	prōspicere	
Aussicht, Anblick	° prōspectus,-ūs m	
zurückblicken; beachten	+ respicere	
emporblicken; beargwöhnen	suspicere	
verdächtig	+ suspectus,-a,-um	
argwöhnen, vermuten	suspicārī	
Verdacht, Vermutung	suspīciō,-ōnis f	
verschmähen, verachten	spernere, sprēvī, sprētum	780
verschmähen, zurückweisen	aspernārī	
Erwartung, Hoffnung	spēs, speī f	781
erwarten, hoffen	spērāre	

F	E	I	S
le son	x sound	x il suono	x el sonido
résonner	to resound	risonare	resonar
x absorber	to absorb	assorbire	absorber
	sordid	sòrdido,-a	sórdido,-a
x la soeur	x sister	x la sorella	
		spàrgere	x esparcir
disperser	to disperse		dispersar
x l'espace m	x space	x lo spazio	x el espacio
spacieux,-euse	spacious	spazioso,-a	espacioso,-a
x l'espèce Art	species	x la specie	x la especie
l'épice Gewürz	*spice*		*la especia*
x spécial,-e	x special	x speciale	x especial
besonderer	x *especially Adv.*		
le spectateur	spectator	lo spettatore	el espectador
x le spectacle	spectacle	x lo spettàcolo	el espectáculo
	x to expect	x aspettare	
x l'aspect	aspect	x l'aspetto	x el aspecto
	conspicuous	cospìcuo,-a	
	to despise		
inspecter	to inspect		
l'inspection f	*inspection*	*l'ispezione f*	*la inspección*
le prospect	prospect	il prospetto	
respecter achten	x to respect	rispettare	respetar
x *le respect*	x *respect*	x *il rispetto*	*el respeto*
soupçonner	to suspect	sospettare	x sospechar
suspect,-e	suspect(ed)	sospetto,-a	sospechoso,-a
le soupçon	suspicion	il sospetto	la sospecha
la suspicion			
x l'espérance f		x la speranza	x la esperanza
x l'espoir m			
x espérer		x sperare	x esperar

die Hoffnung verlieren, verzweifeln		dēsperāre
Hoffnungslosigkeit, Verzweiflung	°	dēsperātiō,-ōnis f
wehen, atmen		spīrāre	782
Hauch, Atem, Leben; Geist		spīritus,-ūs m
aushauchen	°	exspīrāre
einhauchen	+	īnspīrāre
ausatmen, aufatmen	°	respīrāre
dicht, voll	°	spissus,-a,-um	783
glänzend, prächtig; angesehen		splendidus,-a,-um	784
Glanz, Ansehen	+	splendor,-ōris m
erbeutete Rüstung; Beute	+	spolia,-ōrum n	785
berauben, plündern		spoliāre
geloben, versprechen	+	spondēre, spopondī, spōnsum	786
verlobt	+	spōnsus,-a,-um
antworten; entsprechen		respondēre,-spondī,-spōnsum
Antwort, Bescheid		respōnsum,-ī n
aus eigenem Antrieb, von selbst		sponte (meā,tuā ...)	787
Rennbahn; Stadion	+	stadium,-iī n	788
Teich	+	stāgnum,-ī n	789
stehen		stāre, stetī, statum	790
Standort; Wachposten		statiō,-ōnis f
Zustand		status,-ūs m
Standbild		statua,-ae f
Gestalt	°	statūra,-ae f
sofort		statim Adv.
Stall	°	stabulum,-ī n
feststehend; dauerhaft		stabilis,-e
befestigen; aufrechterhalten	°	stabilīre
umherstehen, umgeben	+	circumstāre,-stetī
feststehen; bestehen aus/in; kosten		cōnstāre,-stitī

F	E	I	S
désespérer	x to despair	disperare	x desesperar
le désespoir	x despair	la disperazione	la desesperación
		spirare wehen	
x l'esprit	x spirit	x lo spìrito	x el espíritu
expirer	to expire	espirare	expirar
x inspirer	to inspire	i(n)spirare	x inspirar
x respirer		x respirare	x respirar
(ein)atmen			
x épais,-e		spesso,-a	x espeso,-a
dick, dicht		x spesso Adv. oft	
splendide	x splendid	splèndido,-a	x espléndido,-a
la splendeur	splendour	lo splendore	el esplendor
	spoil(s) Beute		el despojo
dépouiller	x to spoil verder-	spogliare	despojar
	ben; plündern		
x épouser heiraten		x sposare	
l'époux m Gatte	spouse	lo sposo	x el esposo
l'épouse f Gattin		la sposa	x la esposa
x répondre	to respond	x rispóndere	x responder
x la réponse	response	x la risposta	la respuesta
le stade	stadium	lo stadio	el estadio
l'étang m		lo stagno	el estanque
	x to stay; to stand	x stare	x estar
la station	x station	x la stazione	x la estación
Bahnhof; Station			Bahnhof;
		x la stagione	Jahreszeit
		Jahreszeit	
x l'état	x state	x lo stato	x el estado
x l'État Staat	x state	x lo stato	x el estado
x la statue	statue	la stàtua	x la estatua
la stature	stature	la statura	la estatura
l'étable f	stable	la stalla	el establo
	stall Stand;Bude		
stable	stable	stàbile	estable
x établir	x to establish	x stabilire	x establecer
festsetzen, einrichten			
x la circonstance	circumstance	x la circostanza	x la circunstancia
Umstand			
x constater		constatare	x constar
feststellen			
x couter kosten	x to cost	x costare	x costar

beständig; standhaft		cōnstāns,-ntis
Beständigkeit; Standhaftigkeit	+	cōnstantia,-ae f
entfernt sein; verschieden sein	+	distāre
	−	distantia,-ae f
bedrängen; bevorstehen, drohen		īnstāre
	−	obstāculum,-ī n
voranstehen, übertreffen; leisten, erweisen		praestāre
es ist besser		praestat
vorzüglich		praestāns,-ntis
zurückbleiben, übrigbleiben		restāre
Aberglaube	+	superstitiō,-ōnis f
abergläubisch	°	superstitiōsus,-a,-um
aufstellen; festsetzen, beschließen		statuere,-uī,-ūtum 790 a
aufstellen; festsetzen, beschließen		cōnstituere
Einrichtung; Zustand	°	cōnstitūtiō,-ōnis f
einrichten; unterrichten		īnstituere
Einrichtung; Vorhaben		īnstitūtum,-ī n
Einrichtung; Anleitung	°	īnstitūtiō,-ōnis f
wiederherstellen; zurückerstatten		restituere
an die Stelle setzen, ersetzen	°	substituere
zum Stehen bringen; sich stellen		sistere, stetī/stitī, statum 790 b
sich hinstellen; helfen	+	assistere
sich aufstellen; haltmachen; bestehen aus/in		cōnsistere,-stitī
ablassen, aufhören		dēsistere
heraustreten; entstehen		exsistere
	−	ex(s)istentia,-ae f
hintreten, nachsetzen; haltmachen	+	īnsistere
Widerstand leisten		resistere
	−	resistentia,-ae f
haltmachen; standhalten	+	subsistere
festsetzen, bestimmen		dē-stināre 790 c
hartnäckig	°	obstinātus,-a,-um

F	E	I	S
constant,-e	constant	costante	x constante
la constance	constancy	la costanza	la constancia
distant,-e *entfernt*	x *distant*	*distante*	x *distante*
x la distance	x distance	x la distanza	x la distancia
x *l'instant m* *Augenblick*	*instant*	*il istante*	x *el instante*
l'obstacle m Hindernis	obstacle	l'ostàcolo m	x el obstáculo
x *prêter leihen*		x *prestare*	x *prestar*
x rester (übrig)bleiben	x *to rest ruhen*	x restare	
la superstition	superstition	la superstizione	la superstición
superstitieux,-euse	superstitious	superstizioso,-a	supersticioso,-a
x constituer	to constitute	x costituire	x constituir
la constitution	constitution	la costituzione	la constitución
instituer	to institute		
l'institut m	institute	l'istituto m	el instituto
l'institution	institution	l'istituzione	la institución
restituer		restituire	restituir
substituer	to substitute	x sostituire	x sustituir
x assister	to assist	x assìstere	x asistir
consister bestehen (aus)	x to consist	consìstere	x consistir
désister			desistir
x *exister bestehen*	x *to exist*	x *esìstere*	x *existir*
x l'existence	x existence	x l'esistenza	la existencia
x *insister* *bestehen auf*	x *to insist*	x *insìstere*	x *insistir*
x résister	x to resist	x resìstere	x resistir
la résistance Widerstand	x resistance	la resistenza	la resistencia
subsister *(fort)bestehen*	*to subsist*	*sussìstere*	*subsistir*
destiner	to destine	destinare	x destinar

x *la destinée*
    destiny
    Schicksal, Bestimmung, Los
	destiny	x *il destino*	x *el destino*

obstiné,-e	obstinate	ostinato,-a	obstinado,-a

Stern	stēlla,-ae f	791
unfruchtbar	+ sterilis,-e	792
hinbreiten, hinstrecken	sternere, strāvī, strātum	793
Griffel; Schreibart	+ stilus,-ī m	794
Stachel; Antrieb	+ stimulus,-ī m	
stacheln; antreiben	+ stimulāre	
unterscheiden	distinguere, _ -stīnxī,-stīnctum	
klar unterschieden, deutlich	° distīnctus,-a,-um	
auslöschen	exstinguere	
Anreiz, Antrieb	° īnstīnctus,-ūs m	
Abgabe, Steuer; Sold	stipendium,-iī n	795
Wurzelstock, Stamm; Ursprung, Nachkommenschaft	stirps, stirpis f	796
Magen	+ stomachus,-ī m	797
tatkräftig, rührig	strēnuus,-a,-um	798
Lärm, Getöse	strepitus,-ūs m	799
straff anziehen; abstreifen, ziehen	+ stringere, strīnxī, strictum	800
zusammenschnüren, fesseln	+ cōnstringere	
(auf)schichten, errichten	struere, strūxī, strūctum	801
Bauweise, Bau	° strūctūra,-ae f	
aufschichten, erbauen	° cōnstruere	
Zusammenfügung; Bau	° cōnstrūctiō,-ōnis f	
niederreißen, zerstören	° dēstruere	
	- dēstrūctiō,-ōnis f	
errichten; ausstatten; unterweisen	īnstruere	
	- īnstrūctiō,-ōnis f	
Werkzeug, Hilfsmittel	+ īnstrūmentum,-ī n	
Regsamkeit, Fleiß	industria,-ae f	
regsam, fleißig	° industrius,-a,-um	
zumauern, verbauen	+ obstruere	
sich bemühen, betreiben, streben nach	studēre,-uī	802
Eifer, Bemühung; (wissenschaftliche) Betätigung	studium,-iī n	

F	E	I	S
x l'étoile	x star	x la stella	x la estrella
stérile	sterile	stèrile	estéril
	x street Straße	x la strada	
le stylo(graphe) Füllfederhalter		lo stilo	la estilográfica
le style Stil	style	lo stile	x el estilo
le stimulant	stimulus	lo stìmolo	el estímulo
stimuler	to stimulate	stimolare	estimular
x distinguer	x to distinguish	x distìnguere	x distinguir
distinct,-e	x distinct	x distinto,-a	x distinto,-a
x éteindre	to extinguish	estìnguere	extinguir
x l'instinct	instinct	l'istinto	el instinto
		la stirpe Stamm, Geschlecht; Rasse	la estirpe
l'estomac	x stomach	lo stòmaco	x el estómago
	strenuous		
		lo strèpito	el estrépito
étreindre drücken, zusammenschnüren	x string Schnur;Saite	x strìngere (zusammen)drücken	estrechar einengen
x étroit,-e eng	x strict streng	x stretto,-a eng	x estrecho,-a eng
contraindre zwingen	to constrain	costrìngere	
	to strew streuen		
la structure	structure	la struttura	la estructura
x construire	to construct	x costruire	x construir
la construction	construction	la costruzione	la construcción
x détruire	x to destroy	x distrùggere	x destruir
la destruction Zerstörung	destruction	la distruzione	la destrucción
instruire belehren, unterrichten	to instruct	istruire	instruir
x l'instruction	x instruction	x l'istruzione	la instrucción
l'instrument m	x instrument	lo strumento	x el instrumento
l'industrie	x industry	l'industria	x la industria
	industrious		
obstruer	to obstruct	ostruire	obstruir
x étudier l'étudiant,-e	x to study student	x studiare lo studente la studentessa	x estudiar x el/la estudiante
x l'étude f	x study	x lo studio	x el estudio

eifrig, bemüht, interessiert	studiōsus,-a,-um	
dumm, töricht	stultus,-a,-um	803
verdutzt; dumm	° stupidus,-a,-um	804
süß, angenehm	suāvis,-e	805
raten, zureden	suādēre,-sī,-sum	
überreden, überzeugen	persuādēre	
unter (wohin?); gegen (wann?)	sub m.Akk.	806
unter (wo?)	sub m.Abl.	
(aus)schwitzen	° sūdāre	807
Schweiß	+ sūdor,-ōris m	
sich gewöhnen	cōn-suēscere,-ēvī,-ētum	808
Gewohnheit, Brauch; Umgang	cōnsuētūdō,-inis f	
seiner, ihrer (selbst)	suī (sibi, sē, ā sē)	809
sein, ihr (eigener)	suus,-a,-um	
darüber; über, oben auf	super Adv. / Präp.m.Akk./Abl.	810
oberhalb; über (... hinaus)	suprā Adv. / Präp.m.Akk.	
oben befindlich	superus,-a,-um	
die überirdischen Götter	superī,-ōrum m	
höher; früher; überlegen	superior,-ius	
höchster; letzter	suprēmus,-a,-um	
oberster, höchster; letzter	summus,-a,-um	
Hauptsache; Gesamtheit, Summe	summa,-ae f	
überlegen sein; übertreffen, überwinden; übrig sein	superāre	
hochragend, prächtig; überheblich, stolz	superbus,-a,-um	
Überheblichkeit, Hochmut, Stolz	superbia,-ae f	
demütig bittend	supplex,-icis	811
Bittgebet, Dankgebet; Strafe, Qual; Hinrichtung	supplicium,-iī n	
bitten, anflehen	+ supplicāre	
Bittfest, Dankfest	+ supplicātiō,-ōnis f	
taub; lautlos	° surdus,-a,-um	812
falsch, unpassend, sinnlos	+ absurdus,-a,-um	
Bude, Kneipe	° taberna,-ae f	813
Brett, Tafel; Gemälde	tabula,-ae f	814
schweigen, verschweigen	tacēre,-uī	815
verschwiegen, still	tacitus,-a,-um	

F	E	I	S
studieux,-euse	studious	studioso,-a	estudioso,-a
stupide	x stupid	x stùpido,-a	estúpido,-a
suave	x sweet		x *suave weich,mild*
persuader	x to persuade	persuadere	persuadir
x sous		x sotto	
suer	x to sweat	sudare	x sudar
la sueur	x sweat	il sudore	el sudor
la coutume	x custom	x il costume	x la costumbre
x *le costume Kostüm*	*costume*	*il costume*	
x se/soi		x sé sich	x se (nach Präp. si)
sich,einander		x si man,sich	sich
x son,sa		x suo,sua	x suyo,suya
x sur		x su	x su
		x sopra	x sobre
x supérieur,-e	superior	x superiore	x superior
suprême	supreme	supremo,-a	supremo,-a
le sommet Gipfel	*summit*	*la sommità*	sumo,-a
x la somme	x sum	x la somma	x la suma
		x superare	superar; *sobrar übrigbleiben*
superbe prächtig	superb prächtig	x superbo,-a stolz	soberbio,-a stolz
		la superbia	la soberbia
souple biegsam	*supple*	supplichévole	suplicante
le supplice Qual			
x supplier		supplicare	suplicar
la supplication inständige Bitte	*supplication*	*la supplicazione*	*la suplicación*
x sourd,-e		x sordo,-a	x sordo,-a
absurde	absurd	assurdo,-a	absurdo,-a
la taverne	tavern	la taverna	la taberna
x la table Tisch	x table Tisch; Tabelle	x la tàvola Tisch; Tabelle	x la tabla Brett; Tabelle
x *le tableau Bild*			
x (se) taire		x tacere	
tacite		tàcito,-a	tácito,-a

Talent (Gewichtseinheit; Geldsumme)	+ talentum,-ī n	816
so (sehr)	tam Adv.	817
(gleich)wie, gleichsam	tamquam	
dennoch	tamen	
endlich; (denn) eigentlich (?)	tandem	
so groß; so viel	tantus,-a,-um	
nur	tantum / tantummodō Adv.	
so beschaffen, solcher	tālis,-e	
so viele	tot indekl.	
damals, dann, da	tum / tunc Adv.	
bald ... bald	tum ... tum	
berühren	tangere, tetigī, tāctum	818
unberührt; unversehrt	integer,-gra,-grum	
Unversehrtheit	+ integritās,-ātis f	
berühren	attingere,-tigī,-tāctum	
berühren; zuteil werden; gelingen	contingere	
Berührung, Ansteckung	+ contāgiō,-ōnis f	
langsam, spät	tardus,-a,-um	819
aufhalten, hemmen	+ tardāre	
verzögern, aufhalten	° retardāre	
Stier	taurus,-ī m	820
decken, bedecken; schützen	tegere, tēxī, tēctum	821
Dach; Haus	tēctum,-ī n	
schützen	+ prōtegere	
	- prōtēctiō,-ōnis f	
Erde, Boden	tellūs,-ūris f	822
Geschoß; Waffe	tēlum,-ī n	823
planlos, blindlings, unbesonnen	temere Adv.	824
Planlosigkeit, Unbesonnenheit	temeritās,-ātis f	
unbesonnen, verwegen	+ temerārius,-a,-um	
Finsternis, Dunkelheit	+ tenebrae,-ārum f	
heiliger Bezirk; Tempel	templum,-ī n	825
betrachten	contemplārī	
Betrachtung	° contemplātiō,-ōnis f	
sofort	extemplō Adv.	
betasten; versuchen; angreifen	temptāre	826
Zeit; Lage, Umstände	tempus,-oris n (1)	827
Zeit; Sturm, Unwetter	tempestās,-ātis f	

le talent	talent	il talento	el talento
			x tan

x tant so,		x tanto,-a	x tanto,-a
so sehr, so viel		x tanto Adv.	x tanto Adv.
x tel,-le		x tale	x tal

x entier,-ière ganz	x entire	x intero,-a	x entero,-a
l'intégrité	integrity	l'integrità	la integridad
x atteindre	to attain		
erreichen, erlangen			
le contact	contact	il contatto	x el contacto
la contagion	contagion	il contagio	el contagio
x tard Adv. spät	tardy	x tardi	x tarde
x tarder zögern		x tardare	x tardar
x retarder	to retard	x ritardare	retardar
le taureau		il toro	x el toro

x le toit	thatch Strohdach	x il tetto	x el techo
x protéger	x to protect	x protèggere	x proteger
la protection	x protection	la protezione	la protección

la témérité		la temerità	la temeridad
téméraire		temerario,-a	temerario,-a
les ténèbres		le tènebre	las tinieblas
le temple	temple	il tempio	el templo
contempler	to contemplate	contemplare	x contemplar
la contemplation	contemplation	la contemplazione	la contemplación

x tenter versuchen	x to (at)tempt	x tentare	x tentar
x le temps	tense Tempus	x il tempo	x el tiempo
la tempête Sturm	tempest	la tempesta	x la tempestad

mäßigen; schonen; lenken		temperāre
Mäßigung, Selbstbeherrschung		temperantia,-ae f
Schläfe	°	tempus,-oris n (2) 828
spannen, strecken, zielen		tendere, tetendī, tentum 829
Zelt	+	tentōrium,-iī n
achtgeben	+	attendere,-tendī,-tentum
aufmerksam	°	attentus,-a,-um
	-	attentiō,-ōnis f
sich anstrengen: eilen; kämpfen; behaupten		contendere
Anstrengung; Streit		contentiō,-ōnis f
ausstrecken, ausdehnen	+	extendere
ausgedehnt	°	extentus,-a,-um
	-	extēnsiō,-ōnis f
anspannen; beabsichtigen		intendere
Spannung; Absicht	°	intentiō,-ōnis f
zeigen, darlegen		ostendere
zeigen, zur Schau stellen		ostentāre
Zurschaustellung	°	ostentātiō,-ōnis f
Wunderzeichen; Ungeheuer		portentum,-ī n
vorhalten; als Vorwand gebrauchen, vorgeben	°	praetendere
zart; jung		tener,-era,-erum 830
halten, festhalten		tenēre,-uī,-tum 831
fernhalten; sich fernhalten		abstinēre
enthaltsam	°	abstinēns,-ntis
zusammenhalten; festhalten		continēre
Festland		continēns,-ntis f (terra)
zufrieden		contentus,-a,-um
zusammenhängend, ununterbrochen		continuus,-a,-um
ununterbrochen fortsetzen	+	continuāre
abhalten, festhalten	+	dētinēre
besetzt halten, behaupten		obtinēre

F	E	I	S
tempérer mäßigen	x temper Stimmung	temperare	templar
la tempérance	temperance	la temperanza	la templanza
la tempe	temple	la tempia	
x tendre	to tend abzielen	x tèndere	x tender
la tendance	x tendency	la tendenza	la tendencia
x la tente	x tent	la tenda	la tienda
x attendre (er)warten	x to attend beiwoh- nen;(auf)warten	x attèndere ab-,erwarten	x atender beachten
attentif,-ve	attentive	attento,-a	atento,-a
x l'attention Aufmerksamkeit	x attention	x l'attenzione	x la atención
	to contend strei- ten;behaupten		
	contention Streit	la contesa	la contienda
x étendre	x to extend	(e)stèndere	x extender
étendu,-e	x extent Ausmaß	esteso,-a	extenso,-a
l'étendue Ausdehnung	x extension	l'estensione	x la extensión
x entendre verstehen	x to intend beabsichtigen	x intèndere verste- hen;beabsichtigen	x entender
x l'intention	x intention	x l'intenzione	x la intención
l'ostentation	ostentation	l'ostentazione	la ostentación
x prétendre fordern; vorgeben	x to pretend	x pretèndere	x pretender
x tendre zart	x tender	tènero,-a	x tierno,-a
x tenir		x tenere	x tener
s'abstiner sich enthalten	to abstain	astenersi	abstenerse
abstinent,-e	abstinent	astinente	abstinente
x contenir enthalten	x to contain	x contenere	x contener
le contenu Inhalt	x contents	x il contenuto	el contenido
le continent	continent	il continente	el continente
x content,-e	x content	x contento,-a	x contento,-a
continu,-e	continuous	contìnuo,-a	continuo,-a
x continuer	x to continue	x continuare	x continuar
détenir innehaben	to detain abhal- ten,festhalten		x detener verhaf- ten;aufhalten
x obtenir erlangen	to obtain	x ottenere	x obtener

sich erstrecken, sich beziehen	pertinēre	
zurückhalten, festhalten	retinēre	
aufrechthalten, stützen; aushalten	sustinēre	
dünn, zart; schwach, gering	tenuis,-e	832
reiben, aufreiben; abnützen	terere, trīvī, trītum	833
Rücken	tergum,-ī n	834
Grenze, Ziel, Ende	+ terminus,-ī m	835
begrenzen, beenden	° termināre	
abgrenzen, bestimmen	° dētermināre	
Erde, Land	terra,-ae f	836
Land-; irdisch	+ terrestris,-e	
schrecken, erschrecken	terrēre,-uī,-itum	837
Schrecken	terror,-ōris m	
schrecklich	+ terribilis,-e	
erschrecken, einschüchtern	perterrēre	
Tonscherbe; Schale	+ testa,-ae f	838
Zeuge	testis,-is m	839
Zeugenaussage, Zeugnis	testimōnium,-iī n	
als Zeugen anrufen; bezeugen	testārī	
letzter Wille, Testament	+ testāmentum,-ī n	
verwünschen, verabscheuen	+ dētestārī	
	- prōtestārī	
weben	+ texere,-uī, textum	840
Gewebe	° tēla,-ae f	
Vorwand	° praetextum,-ī n	
fein; genau	+ subtīlis,-e	
Theater	+ theātrum,-ī n	841
Schatz; Schatzkammer	+ thēsaurus,-ī m	842
Tiger	° tigris,-is/idis m/f	843
fürchten, sich fürchten	timēre,-uī	844
Furcht	timor,-ōris m	
furchtsam, ängstlich	timidus,-a,-um	
Ängstlichkeit, Schüchternheit	° timiditās,-ātis f	

F	E	I	S
			x *pertenecer gehören*
x retenir	to retain	x ritenere	retener
x soutenir	to sustain	x sostenere	x sostener
ténu,-e	x thin	tènue	tenue
x le terme	x *term Termin*	x il tèrmine	el término
le terminus	terminus		
Endstation			
x terminer	to terminate	terminare	x terminar
déterminer	x to determine	determinare	x determinar
	x *determination*		
	Entschlossenheit		
x la terre		x la terra	x la tierra
x *le terrain*		*il terreno*	*el terreno*
terrestre		terrestre	terrestre
terrifier	to terrify		
x la terreur	terror	il terrore	x el terror
x terrible	x terrible	x terrìbile	x terrible
x *la tête Kopf*	x *test Prüfung*	x *la testa Kopf*	
	x *to test prüfen*		
le témoin		il testimone	x el testigo
le témoignage	testimony	la testimonianza	el testimonio
attester	to attest	attestare	atestiguar
le testament	testament	il testamento	el testamento
détester	to detest	detestare	detestar
protester	x to protest	protestare	x protestar
tisser		tèssere	tejer
le texte	*text*	*il testo*	*el texto*
x la toile Leinwand		la tela Leinwand	x la tela Gewebe,
x le tissu Stoff;		x il tessuto Stoff;	Stoff;Leinwand
Gewebe		Gewebe	
x le prétexte	pretext	il pretesto	x el pretexto
subtil,-e	subtle	x sottile	sutil
x le théâtre	x theatre	x il teatro	x el teatro
le trésor	x treasure	il tesoro	x el tesoro
le tigre	tiger	la/il tigre	el tigre
		x temere	x temer
		il timore	el temor
timide	timid	tìmido,-a	x tìmido,-a
la timidité	timidity	la timidezza	la timidez

eintauchen, färben	+ ting(u)ere, tīnxī, tīnctum	845
Aufschrift; Ehreninschrift	+ titulus,-ī m	846
emporheben; wegnehmen, beseitigen	tollere, sustulī, sublātum	847
emporheben, aufrichten	extollere,-tulī	
ertragen, aushalten	tolerāre	
erträglich	° tolerābilis,-e	
donnern	° tonāre,-uī	848
Donner	° tonitrus,-ūs m	
scheren	+ tondēre, totondī, tōnsum	849
drechseln, drehen	° tornāre	850
winden, drehen; foltern	torquēre,-sī, tortum	851
Wurfmaschine; Geschoß; Folter	tormentum,-ī n	
reißend; Wildbach	° torrēns,-ntis (m)	852
ganz	tōtus,-a,-um	853
Trauerspiel, Tragödie	° tragoedia,-ae f	854
tragisch	° tragicus,-a,-um	
ziehen, schleppen	trahere, trāxī, tractum	855
Ziehen, Zug	° tractus,-ūs m	
behandeln	tractāre	
	- tractātus,-ūs m	
heranziehen, anziehen	° attrahere	
	- attractiō,-ōnis f	
zusammenziehen; herbeiführen	+ contrahere	
Zusammenziehung	° contractiō,-ōnis f	
herausziehen	° extrahere	
zurückziehen; wieder hervorziehen	° retrahere	
wegziehen, entziehen	° subtrahere	
über (... hinüber), jenseits	trāns m.Akk.	856
zittern	+ tremere,-uī	857
unruhig sein, sich ängstigen	trepidāre	858
drei	trēs, tria	859

F	E	I	S
teindre	to tinge	tìngere	teñir
x le titre Titel	x title	x il tìtolo	x el tìtulo
tolérer	to tolerate	tollerare	tolerar
tolérable	tolerable	tolleràbile	tolerable
tonner	x to thunder	tonare	tronar
x étonner	x to astonish		
verwundern, in Erstaunen versetzen			
x le tonnerre	x thunder	x il tuono	x el trueno
tondre		tosare	
x tourner (sich) drehen	x to turn drehen	(ri)tornare zurückkehren	x tornar
tordre winden		tòrcere	torcer
x le tort Unrecht		x il torto	
la torture	torture	la tortura	el tormento
le torrent	torrent	il torrente	el torrente
x tout,-e; total,-e	x total	x tutto,-a; totale	x todo,-a; total
la tragédie	tragedy	la tragedia	la tragedia
tragique	tragic(al)	tràgico,-a	trágico,-a
traire melken			x traer bringen
x le trait Strich; (Charakter-)Zug	trait tract Strecke	x il tratto	
x traiter	x to treat	x trattare	x tratar
le traitement Behandlung	x treatment	il trattamento	el tratamiento
x le traité Abhandlung; Vertrag	treatise treaty	x il trattato	el tratado
	x to attract		x atraer
l'attraction	x attraction	l'attrazione	la atracción
le contrat Vertrag	contract	il contratto	el contrato
la contraction	contraction	la contrazione	la contracción
extraire	to extract	estrarre	extraer
x la retraite Rückzug	retreat		
soustraire	to subtract	sottrarre	su(b)straer
x très sehr;stark			x tras hinter,nach
x trembler	to tremble	x tremare	x temblar
x trois	x three	x tre	x tres

dritter	tertius,-a,-um	
dreimal	ter Adv.	
dreifach	+ triplex,-icis	
Bezirk, Tribus	tribus,-ūs f	
Tribun	tribūnus,-ī m	
Richterstuhl, Gericht(shof)	+ tribūnal,-ālis n	
zuteilen, zuweisen	tribuere,-uī,-ūtum	
Abgabe, Tribut	tribūtum,-ī n	
zuteilen, zuweisen; zuschreiben	+ attribuere	
zuteilen, beitragen	° contribuere	
verteilen, einteilen	+ distribuere	
traurig; unfreundlich	trīstis,-e	860
Traurigkeit; unfreundliches Wesen	° trīstitia,-ae f	
Triumph(zug)	triumphus,-ī m	861
einen Triumph feiern, triumphieren	+ triumphāre	
Stamm, Rumpf	+ truncus,-ī m	862
du	tū	863
	(tuī, tibī, tē, ā tē)	
dein	tuus,-a,-um	
anschauen; schützen	tuērī	864
geschützt, sicher	tūtus,-a,-um	
Beschützer; Vormund	° tūtor,-ōris m	
Schutz; Vormundschaft	+ tūtēla,-ae f	
schützen; abwehren	+ tūtārī	
anschauen, betrachten	intuērī	
Geschwulst	° tumor,-ōris m	865
Hügel; Grabhügel	tumulus,-ī m	
Aufruhr, Unruhe, Getöse	tumultus,-ūs m	
Beleidigung, Schmach	contumēlia,-ae f	
Verwirrung; Schwarm, Menge	turba,-ae f	866
unruhig, stürmisch	° turbulentus,-a,-um	
verwirren, stören	turbāre	
auseinandertreiben; zerstören	° disturbāre	
(völlig) verwirren	perturbāre	
häßlich; schändlich, (sittlich) schlecht	turpis,-e	867

F	E	I	S
x troisième	x third	x terzo,-a	x tercer(o),-a
x *le tiers Drittel, Dritter*			
triple	triple	trìplice	triple
la tribu Stamm	x *tribe*	*la tribù*	*la tribu*
x le tribunal	tribunal	x il tribunale	x el tribunal
le tribut	tribute	il tributo	el tributo
attribuer	to attribute	attribuire	atribuir
contribuer	to contribute	contribuire	x contribuir
distribuer	x to distribute	distribuire	distribuir
x triste		x triste	x triste
x la tristesse		x la tristezza	x la tristeza
le triomphe	triumph	il trionfo	el triunfo
triompher	to triumph	trionfare	triunfar
le tronc	x trunk	il tronco	x el tronco
x tu	x you	x tu	x tú
x toi *du,dir,dich*		x ti *dir,dich*	x te (ti nach Präp.)
x te *dir,dich*		x te *dich*	*dir,dich*
x ton,ta		tuo,tua	x tuyo,tuya
le tuteur	tutor	il tutore	el tutor
la tutelle		la tutela	la tutela
x *tuer töten*			
la tumeur	tumo(u)r	il tumore	el tumor
		il tùmulo	el túmulo
le tumulte	tumult	il tumulto	el tumulto
x le trouble Verwirrung	x trouble Unruhe	la turba Schwarm	la turba Schwarm
turbulent,-e	turbulent	turbolento,-a	turbulento,-a
x troubler	x to trouble	x turbare	x turbar
x *trouver finden*		x *trovare*	
	x to disturb stören	x disturbare	estorbar
		perturbare	perturbar

Turm	<u>turris</u>,-is f	868
Alleinherrscher, Gewaltherrscher	<u>tyrannus</u>,-ī m	869
fruchtbar, reichlich	<u>über</u>,-eris	870
wo? sobald	ub<u>ī</u>	871
woher?	unde	
von allen Seiten	undique	
welcher (von beiden)?	uter, utra, utrum	
(ob) ... oder	utrum ... an	
jeder (von beiden)	uterque,utraque,utrumque	
von beiden Seiten	utrimque	
keiner (von beiden)	neuter,-tra,-trum	
wie; sobald	ut/utī m.Indikativ	
daß; damit; wenn auch	m.Konjunktiv	
daß doch, wenn doch, hoffentlich	utinam m.Konjunktiv	
jedenfalls	utique	
(gleich)wie, wie zum Beispiel	velut(ī)	
jemals	umquam	
niemals	numquam	
manchmal	nōnnumquam	
nirgends	nusquam	
(sich) rächen, strafen	<u>ulcīscī</u>, ultus sum	872
Schatten	<u>umbra</u>,-ae f	873
Feuchtigkeit, Flüssigkeit	+ (h)<u>ūmor</u>,-ōris m	874
feucht, flüssig	° (h)<u>ū</u>midus,-a,-um	
Welle, Woge	<u>unda</u>,-ae f	875
Überfluß haben, reichlich vorhanden sein	abund<u>ā</u>re	
Überfluß	° abundantia,-ae f	
Nagel, Kralle	° <u>unguis</u>,-is m	876
ein, einzig	<u>ūnus</u>,-a,-um	877
zusammen, gleichzeitig	<u>ūnā</u> Adv.	
	- <u>ūniō</u>,-ōnis f	
Einheit	° <u>ū</u>nit<u>ā</u>s,-<u>ā</u>tis f	
nicht	n<u>ō</u>n	
irgendein	<u>ū</u>llus,-a,-um	
kein	n<u>ū</u>llus,-a,-um	

la tour	x tower	la torre	x la torre
	turret Türmchen		
le tyran	tyrant	il tiranno	el tirano

x où

			x nunca

x l'ombre		l'ombra	x la sombra
x *l'humeur f*	*humo(u)r*	x *l'umore m*	x *el humor*
Stimmung, Laune			
l'humour m Humor			
x humide		x ùmido,-a	x húmedo,-a
l'onde		x l'onda	x la onda
abonder	to abound	abbondare	x abundar
l'abondance	abundance	l'abbondanza	la abundancia
x l'ongle m	x nail	l'unghia f	la uña
x un,une	x one	x un(o),-a	x un(o),-a
x l'union	x union	x l'unione	x la unión
Vereinigung			
x l'unité	unit	x l'unità	x la unidad
x non nein;nicht	x no nein;nicht	x no nein	x no nein;nicht
		x non nicht	
x nul,-le nichtig		x nullo,-a nichtig	nulo,-a nichtig
		x nulla Adv. nichts	

mancher	nōnnūllus,-a,-um	
einzig, einzigartig	ūnicus,-a,-um	
sämtlich, ganz; allgemein	ūniversus,-a,-um	
Weltall	ūniversum,-ī n	
Gesamtheit	° ūniversitās,-ātis f	
Stadt	urbs, urbis f	878
städtisch; fein, gebildet	urbānus,-a,-um	
(ver)brennen, versengen	ūrere, ussī, ustum	879
drängen, bedrängen	urgēre,-sī	880
Krug, Topf	+ urna,-ae f	881
durchgehend, ununterbrochen	ūsque Adv.	882
bis	ūsque ad	
gebrauchen, benützen	ūtī, ūsus sum	883
Gebrauch, Nutzen; Übung, Erfahrung	ūsus,-ūs m	
	- ūsuālis,-e	
brauchbar, nützlich	ūtilis,-e	
Brauchbarkeit, Nutzen	+ ūtilitās,-ātis f	
unbrauchbar, nutzlos	+ inūtilis,-e	
ausnützen, mißbrauchen	+ abūtī	
Ehefrau, Gattin	uxor,-ōris f	884
frei sein	vacāre	885
leer, frei	vacuus,-a,-um	
leer, nichtig; vergeblich	vānus,-a,-um	
leerer Schein; Prahlerei; Erfolglosigkeit	° vānitās,-ātis f	
Kuh	° vacca,-ae f	886
gehen, schreiten	+ vādere	887
herausgehen, entkommen; sich entwickeln	ēvādere,-sī,-sum	
eindringen, angreifen; befallen	invādere	
seichte Stelle, Furt	vadum,-ī n	
umherschweifend, unstet; unbestimmt	+ vagus,-a,-um	888
stark sein, gesund sein; vermögen, Einfluß haben	valēre,-uī	889
stark, kräftig, gesund	validus,-a,-um	
schwach	° invalidus,-a,-um	
sehr	valdē Adv. (magis, maxime)	

F	E	I	S
x unique	unique	x ùnico,-a	x único,-a
universel,-le	universal	universale	x universal
l'univers m	universe	l'universo m	el universo
l'université	*university*	*l'università*	*x la universidad*
urbain,-e	urban	urbano,-a	urbano,-a
urgent,-e	x to urge	*urgente*	*x urgente*
dringend	x urgent		
l'urne	urn	l'urna	la urna
x jusqu'à			
x user	x to use	x usare	x usar
x l'usage	x use	x l'uso	x el uso
usuel,-le	x usual	usuale	usual
gebräuchlich, üblich, gewöhnlich			
x utile		x ùtile	x útil
l'utilité·	utility	l'utilità	la utilidad
x inutile		x inùtile	inútil
abuser	to abuse	abusare	x abusar
x les vacances f	*vacation*	*x le vacanze f*	*x las vacaciones*
Ferien			
		vàcuo,-a	x vacio,-a
x vain,-e	x vain	x vano,-a	x vano,-a
la vanité	vanity	la vanità	la vanidad
x la vache		la vacca	x la vaca
x je vais, tu vas,	*to wade waten*	x vado, vai, va,	
il va, ils vont		vanno	
(aller!)		(andare!)	
(s')évader	to evade	evàdere	evadirse
envahir	to invade	invàdere	invadir
x vague	vague	vago,-a	x vago,-a
x valoir		x valere	x valer
x la valeur Wert	*x value*	*x il valore*	*x el valor*
valide	*valid*	*vàlido,-a*	*vàlido,-a*
rechtskräftig, gültig			
invalide	invalid	invàlido,-a	inválido,-a

Gesundheitszustand; Gesundheit, Krankheit		valētūdō,-inis f	
das Übergewicht haben	°	praevalēre	
Tal		vallis,-is f	890
Wall		vallum,-ī n	891
Zwischenraum, Zwischenzeit		intervallum,-ī n	
Dampf, Dunst	°	vapor,-ōris m	892
bunt, mannigfach, verschieden		varius,-a,-um	893
Verschiedenheit, Vielfalt	+	varietās,-ātis f	
verschieden gestalten; verschieden sein	°	variāre	
Gefäß		vās, vāsis n	894
Gepäck		vāsa,-ōrum n	
wüst, öde; unermeßlich, weit		vāstus,-a,-um	895
verwüsten		vāstāre	
Seher(in), Dichter(in)		vātēs,-is m/f	896
oder		-ve	897
fortbewegen, mit sich führen		vehere, vēxī, vectum	898
sich fortbewegen, fahren		vehī, vectus sum	
Fahrzeug	°	vehiculum,-ī n	
heftig, energisch		vehemēns,-ntis	
Abgabe, Steuer		vectīgal,-ālis n	
wollen		velle, volō, voluī	899
oder; sogar, wohl		vel	
entweder ... oder		vel ... vel	
Wille, Absicht		voluntās,-ātis f	
freiwillig	+	voluntārius,-a,-um	
Vergnügen, Lust		voluptās,-ātis f	
widerwillig, ungern		invītus,-a,-um	
nicht wollen		nōlle, nōlō, nōluī	
lieber wollen		mālle, mālō, māluī	
einladen	+	invītāre	
Einladung	°	invītātiō,-ōnis f	
rasch, behend, schnell	+	vēlōx,-ōcis	900
Schnelligkeit, Schwung	°	vēlōcitās,-ātis f	
Segel; Tuch, Vorhang		vēlum,-ī n	901
verhüllen		vēlāre	
enthüllen, offenbaren	°	revēlāre	
Ader	+	vēna,-ae f	902

F	E	I	S
prévaloir	to prevail	prevalere	prevalecer
x la vallée	x valley	x la valle	x el valle
	x *wall Mauer; Wand*		
l'intervalle m	interval	l'intervallo m	el intervalo
x la vapeur	vapo(u)r	x il vapore	x el vapor
x *le vapeur Dampfer*			
	x various	vario,-a	x varios,-as einige
la variété	x variety	la varietà	la variedad
varier	to vary	variare	x variar
le vase	*vase Vase*	il vaso	x el vaso
x vaste weit	vast	x vasto,-a	x vasto,-a
	x waste wüst,öde		
dévaster	to devastate	devastare	devastar
x *la voiture*		*la vettura*	
Wagen,Auto		*Rennwagen*	
le véhicule	vehicle	il veìcolo	el vehículo
véhément,-e	vehement	veemente	vehemente
x vouloir	x will	x volere	
x la volonté		x la volontà	x la voluntad
x volontaire	voluntary	x volontario,-a	voluntario,-a
la volupté			
x inviter	x to invite	x invitare	x invitar / convidar
l'invitation f	x invitation	l'invito m	la invitación
le vélo Fahrrad		veloce	x veloz
la vélocité	velocity	x la velocità	x la velocidad
la voile Segel		la vela	x la vela
le voile Schleier	x veil	il velo	x el velo
voiler	x to veil	velare	velar
x révéler	to reveal	rivelare	x revelar
la veine	vein	la vena	la vena

verkaufen	vēndere,-didī,-ditum	903
verkauft werden	vēnīre,-eō,-iī	
Gift	venēnum,-ī n	904
kommen	venīre, vēnī, ventum	905
ankommen, herankommen	+ advenīre	

Ankunft	adventus,-ūs m	
umgehen, umzingeln	circumvenīre	
zusammenkommen; zusammenpassen	convenīre	
Zusammenkunft, Versammlung	conventus,-ūs m	
Volksversammlung; Rede	contiō,-ōnis f	
(hinab)kommen	° dēvenīre	
sich ergeben, sich ereignen	ēvenīre	
Ausgang, Erfolg; Ereignis	ēventus,-ūs m	
finden, erfinden	invenīre	
Erfinder	° inventor,-ōris m	
Erfindung(sgabe)	° inventiō,-ōnis f	
dazwischenkommen, unterbrechen	+ intervenīre	
(ans Ziel) gelangen	pervenīre	
zuvorkommen	° praevenīre	
zurückkommen	° revenīre	
zu Hilfe kommen, abhelfen	subvenīre	
Bauch	+ venter,-tris m	906
Wind	ventus,-ī m	907
Wort	verbum,-ī n	908
Sprichwort	+ prōverbium,-iī n	
(sich) scheuen, fürchten; verehren	verērī,-itus sum	909
Scheu, Ehrfurcht; Zurückhaltung	verēcundia,-ae f	
Ehrfurcht, Achtung	° reverentia,-ae f	
wenden, drehen	vertere,-tī,-sum	910
hin(gewandt); zu ... hin	+ versus Adv. / Präp.m.Akk.	
Reihe, Zeile, Vers	versus,-ūs m	
hin und her wenden	+ versāre	
sich aufhalten	versārī	
Wirbel, Scheitel, Gipfel	vertex,-icis m	
abwenden	āvertere	

F	E	I	S
x vendre		x véndere	x vender
le venin	venom	il veleno	x el veneno
x venir		x venire	x venir
		x avvenire geschehen	
x l'avenir m Zukunft		x l'avvenire m	
x l'aventure f Abenteuer	x adventure	x l'avventura f	x la aventura
x convenir passen ...	x convenient passend	x convenire conveniente	x convenir conveniente
le couvent Kloster	convent	il convento	el convento
x devenir werden		x diventare/divenire	
x l'événement Ereignis	x event	l'evento	el evento
inventer	x to invent	inventare	x inventar
l'inventeur	inventor	l'inventore	el inventor
l'invention	x invention	l'invenzione	el invento
intervenir	to intervene	intervenire	intervenir
x parvenir		x pervenire	
x prévenir	x to prevent	x prevenire	x prevenir
x revenir		rivenire	
x se souvenir sich erinnern			
x le ventre		il ventre	x el vientre
x le vent	x wind	x il vento	x el viento
le verbe	x word; verb	il verbo	el verbo
le proverbe	proverb	il proverbio	el proverbio
		la vergogna Scham	x la vergüenza
la révérence	reverence	la riverenza	la reverencia
			x verter eingießen
x vers		x verso	
le vers	x verse	x il verso	x el verso
x verser eingießen		x versare	
		il vèrtice	el vértice
	to avert		

hinwenden	°	advertere
vorn; gegenüberstehend, feindlich, widrig		adversus,-a,-um
entgegen; gegen, gegenüber		adversus /-um Adv./Präp.m.Akk.
feindlich; Feind, Gegner	+	adversārius,-a,-um
umwenden, umändern		convertere
Umkehrung; Umlauf	+	conversiō,-ōnis f
Meinungsverschiedenheit, Streit		contrōversia,-ae f
entgegengesetzt, verschieden		dīversus,-a,-um
Scheidung	°	dīvortium,-iī n
umstürzen, zerstören		ēvertere
umdrehen; umstoßen, zugrunde richten	+	pervertere
geradezu, völlig, durchaus		prōrsus Adv.
zurückkehren		revertī,-or,-tī,-sum
rückwärts; wieder		rūrsus Adv.
wirklich, wahr		vērus,-a,-um	911
aber, sondern		vērum
in Wahrheit, wirklich; aber, jedoch		vērō
Wirklichkeit, Wahrheit	+	vēritās,-ātis f
Fußstapfen; Spur; Stelle		vestīgium,-iī n	912
aufspüren, erforschen	+	investīgāre
Kleidung, Kleid		vestis,-is f	913
(be)kleiden	+	vestīre
Kleidung	+	vestītus,-ūs m
Kleidung(sstück)	+	vestīmentum,-ī n
verbieten		vetāre,-uī,-itum	914
alt		vetus,-eris	915
altgedienter Soldat, Veteran	+	veterānus,-ī m (mīles)
quälen, heimsuchen		vexāre	916
Weg, Straße		via,-ae f	917
Reisegeld	°	viāticum,-ī n
entgegenkommend		obvius,-a,-um
entgegen		obviam Adv.
Wechsel; Stelle		vicis Gen. f (vicem, vice)	918
Opfertier, Opfer	+	victima,-ae f	919

F	E	I	S
x avertir benach-richtigen,warnen	x to advertise annoncieren	x avvertire merken;warnen	x advertir wahrnehmen;warnen
adverse gegnerisch	adverse widrig, feindlich	avverso,-a abgeneigt	adverso,-a widrig
l'adversaire	adversary	l'avversario	el adversario
convertir	to convert	convertire	x convertir
la conversion	conversion	la conversione	la conversión
la controverse	controversy	la controversia	la controversia
x divers,-e	diverse divers Pl. mehrere, verschiedene	x diverso,-a	x diversos,-as mehrere
le divorce	divorce	il divorzio	el divorcio
pervertir	to pervert	pervertire	pervertir
la prose Prosa	*prose*	*la prosa*	*la prosa*
x vrai,-e	x very sehr	x vero,-a	x verdadero,-a
x la vérité		x la verità	x la verdad
le vestige			el vestigio
	to investigate	investigare	investigar
x la veste Jacke	*vest Unterjacke*	la veste	
vêtir		vestire	x vestir
		x il vestito	x el vestido
x le vêtement			
		x vietare	vedar
x vieux,vieil,-le		x vecchio,-a	x viejo,-a
le vétéran	veteran	il veterano	el veterano
vexer	to vex	vessare	vejar
x la voie		x la via	x la vía
x envoyer schicken			
x le voyage Reise	*x voyage Seereise*	*x il viaggio Reise*	*x el viaje Reise*
	obvious klar, deutlich	ovvio,-a selbstverständlich	obvio,-a einleuchtend
x la fois Mal		*x invece anstatt*	*x la vez Mal*
x la victime	victim	x la vìttima	x la víctima

Dorf; Gehöft; Stadtviertel	vīcus,-ī m	920
nahe, benachbart; Nachbar	vīcīnus,-a,-um	
sehen	vidēre, vīdī, vīsum	921
scheinen	vidērī, vīsus sum	
Anblick, Erscheinung, Vorstellung	° vīsiō,-ōnis f	
einleuchtend	° ēvidēns,-ntis	
beneiden	invidēre	
verhaßt	invīsus,-a,-um	
Neid, Mißgunst; Haß	invidia,-ae f	
neidisch; beneidet, verhaßt	+ invidiōsus,-a,-um	
vorher sehen, vorhersehen	° praevidēre	
vorhersehen; (vor)sorgen	prōvidēre	
Voraussicht; Vorsorge	° prōvidentia,-ae f	
Vorhersehen; Vorsorge	° prōvīsiō,-ōnis f	
unvorhergesehen	imprōvīsus,-a,-um	
klug, umsichtig	prūdens,-ntis	
Klugheit, Kenntnis, Umsicht	prūdentia,-ae f	
	- revidēre	
besichtigen; besuchen	vīsere,-sī	
gattenlos, verwitwet; Witwe	+ viduus,-a,-um	922
trennen, teilen	dīvidere,-vīsī,-vīsum	
Teilung, Einteilung	° dīvīsiō,-ōnis f	
unteilbar	° indīviduus,-a,-um	
frisch sein, kräftig sein	vigēre,-uī	923
Frische, Kraft	° vigor,-ōris m	
Wache, Nachtwache	vigilia,-ae f	
wachen, wach bleiben	vigilāre	
billig, wertlos	+ vīlis,-e	924
Landhaus, Landgut	vīlla,-ae f	925
siegen, besiegen	vincere, vīcī, victum	926
siegreich; Sieger	victor,-ōris (m)	
Sieg	victōria,-ae f	
widerlegen, überführen	+ convincere	

F	E	I	S
x voisin,-e		x vicino,-a	x vecino,-a
x voir		x vedere	x ver
x *la vue Aussicht...*	x *view*	x *la vista*	x *la vista*
x *le visage Gesicht*			
la vision	vision	la visione	la visión
évident,-e	evident	x evidente	x evidente
envier	to envy	invidiare	x envidiar
x l'envie	envy	x l'invidia	x la envidia
envieux,-euse	envious	invidioso,-a	envidioso,-a
x prévoir		x prevedere	prever
pourvoir	x to provide	provvedere	x proveer
la providence	providence	la provvidenza	la providencia
x *la provision*	x *provision(s)*	*la provvisione*	*la provisión*
Vorrat	*Lebensmittel*	*Vorrat*	*Vorrat*
		x improvviso,-a	
prudent,-e	prudent	prudente	x prudente
la prudence	prudence	la prudenza	la prudencia
x revoir wiederse-	x *review*	x rivedere	
hen;durchsehen	*Nachprüfung*		
x visiter	x to visit	x visitare	x visitar
x *la visite Besuch*	x *visit*	*la vìsita*	*la visita*
le/la veuf,-ve	x widower/widow	il/la védovo,-a	x el/la viudo,-a
diviser	x to divide	x divìdere	x dividir
la division	x division	x la divisione	la división
x *l'individu m*	*individual*	x *l'indivìduo*	*el individuo*
Einzelperson, Individuum			
la vigueur	vigour	il vigore	x el vigor
x la veille Wache;		*la vigilia*	
Vorabend			
x veiller		vigilare/vegliare	x vigilar
vil,-e gemein	*vile*	*vile*	*vil*
x *la ville Stadt*	villa	la villa	
x *le village Dorf*	x *village*	x *il villaggio*	
vaincre	to vanquish	vìncere	x vencer
le vainqueur	victor	il vincitore	el vencedor
x la victoire	x victory	x la vittoria	x la victoria
x convaincre		x convìncere	x convencer
überzeugen;	x to convince		
überführen	to convict		

binden, fesseln	vincīre, vīnxī, vīnctum	927
Band, Fessel	vinculum,-ī n	
Gefängnis	vincula,-ōrum n	
beanspruchen; befreien; bestrafen	vindicāre	928
Wein	vīnum,-ī n	929
Weinberg; Schutzdach	+ vīnea,-ae f	
Mann	vir, virī m	930
männliches Verhalten; Tapferkeit, Tüchtigkeit, Tugend	virtūs,-ūtis f	
männlich, mannhaft	+ virīlis,-e	
Rathaus, Ratsversammlung	cūria,-ae f	
Zweig, Rute	+ virga,-ae f	931
Mädchen, Jungfrau	virgō,-inis f	932
grün	+ viridis,-e	933
Gewalt, Kraft; Menge	vīs f (vim, vī)	934
Kräfte, Streitkräfte	vīrēs,-ium f	
mißhandeln, verletzen	violāre	
ungestüm, heftig	° violentus,-a,-um	
Ungestüm, Gewalt	° violentia,-ae f	
Eingeweide, Inneres	vīscera,-um n	935
(ver)meiden, ausweichen	vītāre	936
Rebe, Weinstock	vītis,-is f	937
Fehler, Laster	vitium,-iī n	938
fehlerhaft, lasterhaft	° vitiōsus,-a,-um	
Glas	° vitrum,-ī n	939
Kalb	° vitulus/vitellus,-ī m	940
leben	vīvere, vīxī, vīctūrus	941
Lebensunterhalt; Lebensweise	vīctus,-ūs m	
lebend, lebendig	vīvus,-a,-um	
Leben	vīta,-ae f	
lebensfähig	° vītālis,-e	
Gastmahl, Gelage	convīvium,-iī n	
kaum, mit Mühe	vix Adv.	942
rufen, nennen	vocāre	943
Stimme, Laut; Ausspruch	vōx, vōcis f	

il vìncolo

F	E	I	S
venger rächen	to revenge	vendicare	x vengar
x le vin	x wine	x il vino	x el vino
x la vigne Rebe, Weinstock;-berg	vine(-yard)	x la vigna Weinberg	la viña Weinberg
x la vertu	x virtue	x la virtù	x la virtud
viril,-e		virile	viril
la verge	verge Stab;Rand	la verga	la verga
la vierge	virgin	la vèrgine	x virgen jungfräulich
x vert,-e		x verde	x verde
violer	to violate	violare	violar
x violent,-e	x violent	x violento,-a	x violento,-a
x la violence	violence	x la violenza	la violencia
		i vìscere	las vísceras
x éviter		x evitare	x evitar
		la vite	la vid
le vice	vice	il vizio	x el vicio
vicieux,-euse	vicious	vizioso,-a	vicioso,-a
x le verre		il vetro Glas;	el vidrio Glas;
la vitre Fensterscheibe		Fensterscheibe	Fensterscheibe
x le veau Kalb(fleisch)	veal	il vitello	
x vivre		x vìvere	x vivir
x vivant,-e lebend(ig)		x vivente	viviente
x vif,vive	vivid	x vivo,-a	x vivo,-a
x la vie		x la vita	x la vida
vital,-e	vital	vitale	vital
x la voix	x voice	x la voce	x la voz

Rechtsbeistand, Anwalt	+ advocātus,-ī m	
zusammenrufen	convocāre	
herausrufen, hervorrufen; vorladen	+ ēvocāre	
herausfordern; Berufung einlegen	+ prōvocāre	
zurückrufen; wieder rufen; widerrufen	revocāre	
fliegen; eilen	volāre	944
drehen, wälzen, rollen; überlegen	volvere,-vī, volūtum	945
Windung; Buchrolle	+ volūmen,-inis n	
ihr	vōs	946
	(vestrī,vōbīs,vōs,ā vōbīs)	
euer	vester,-tra,-trum	
geloben; wünschen	vovēre, vōvī, vōtum	947
Gelübde; Wunsch	vōtum,-ī n	
weihen; verwünschen	+ dēvovēre	
Volk, (breite) Masse, Pöbel	vulgus,-ī n	948
massenhaft; allgemein	vulgō Adv.	
allgemein, gewöhnlich	+ vulgāris,-e	
Wunde, Verwundung	vulnus,-eris n	949
verwunden, verletzen	vulnerāre	
Miene, Gesichtsausdruck	vultus,-ūs m	950
Gürtel; Zone	° zōna,-ae f	951

F	E	I	S
l'avocat	advocate	l'avvocato	el abogado
convoquer		convocare	convocar
évoquer	to evoke	evocare	evocar
x provoquer	to provoke	provocare	x provocar
révoquer	to revoke	revocare	revocar
x voler		x volare	x volar
		x voltare/vòlgere	x volver (um)drehen; zurückkehren
le volume *Rauminhalt;* Band	volume	il volume	el volumen
x vous ihr,Sie; euch,Ihnen		x voi ihr,euch x Voi Sie	x vosotros ihr x os euch
x votre,Pl.vos		x vostro,-a	x vuestro,-a
voter abstimmen	x *to vote*	votare *geloben; abstimmen*	votar
le voeu le vote *Abstimmung*	vow x *vote*	il voto *Gelübde;*	el voto *Abstimmung,Stimme*
se dévouer sich hingeben	to devote *weihen, widmen*		
		il volgo	el vulgo
vulgaire	vulgar	volgare	vulgar
		il volto	
la zone	x zone	x la zona	la zona

		L	F	I	S
1	I	ūnus,-a,-um	un, une	uno, una	uno, una
2	II	duo, duae, duo	deux	due	dos
3	III	trēs, tria	trois	tre	tres
4	IV	quattuor	quatre	quattro	cuatro
5	V	quīnque	cinq	cinque	cinco
6	VI	sex	six	sei	seis
7	VII	septem	sept	sette	siete
8	VIII	octō	huit	otto	ocho
9	IX	novem	neuf	nove	nueve
10	X	decem	dix	dieci	diez
11	XI	ūndecim	onze	ùndici	once
12	XII	duodecim	douze	dódici	doce
13	XIII	trēdecim	treize	trédici	trece
14	XIV	quattuordecim	quatorze	quattòrdici	catorce
15	XV	quīndecim	quinze	quìndici	quince
16	XVI	sēdecim	seize	sédici	dieciséis
17	XVII	septendecim	dix-sept	diciassette	diecisiete
18	XVIII	duodēvīgintī	dix-huit	diciotto	dieciocho
19	XIX	ūndēvīgintī	dix-neuf	diciannove	diecinueve
20	XX	vīgintī	vingt	venti	veinte
21	XXI	vīgintī ūnus	vingt et un	ventuno	veintiuno
22	XXII	vīgintī duo	vingt-deux	ventidue	veintidós
23	XXIII	vīgintī trēs	vingt-trois	ventitre	veintitrés
28	XXVIII	duodētrīgintā	vingt-huit	ventotto	veintiocho
29	XXIX	ūndētrīgintā	vingt-neuf	ventinove	veintinueve
30	XXX	trīgintā	trente	trenta	treinta
40	XL	quadrāgintā	quarante	quaranta	cuarenta
50	L	quīnquāgintā	cinquante	cinquanta	cincuenta
60	LX	sexāgintā	soixante	sessanta	sesanta
70	LXX	septuāgintā	soixante-dix	settanta	setenta
80	LXXX	octōgintā	quatre-vingts	ottanta	ochenta
90	XC	nōnāgintā	quatre-vingt-dix	novanta	noventa
100	C	centum	cent	cento	cien(to)
200	CC	ducentī,-ae,-a	deux cents	duecento	doscientos,-as
300	CCC	trecentī	trois cents	trecento	trescientos
400	CCCC	quadringentī	quatre cents	quattrocento	cuatrocientos
500	D	quīngentī	cinq cents	cinquecento	quinientos
600	DC	sescentī	six cents	seicento	seiscientos
700	DCC	septingentī	sept cents	settecento	setecientos
800	DCCC	octingentī	huit cents	ottocento	ochocientos
900	DCCCC	nōngentī	neuf cents	novecento	novecientos
1000	M	mīlle	mille	mille	mil
2000	MM	duo mīlia	deux mille	duemila	dos mil
3000	MMM	tria mīlia	trois mille	tremila	tres mil

Die englischen Zahlen 1-10 und 100 sind ebenso wie die deutschen urverwandt:
one, two, three, four, five, six, seven, eight, nine, ten; hundred.

L	F	I	S
prīmus,-a,-um	premier,-ère	primo,-a	primer(o),-a
secundus	deuxième / second,-e	secondo	segundo
tertius	troisième	terzo	tercer(o)
quartus	quatrième	quarto	cuarto
quintus	cinquième	quinto	quinto
sextus	sixième	sesto	sexto
septimus	septième	sèttimo	sé(p)timo
octāvus	huitième	ottavo	octavo
nōnus	neuvième	nono	noveno / nono
decimus	dixième	dècimo	décimo
ūndecimus	onzième	undicèsimo	undécimo
duodecimus	douzième	dodicèsimo	duodécimo
tertius decimus	treizième	tredicèsimo	décimotercero
quartus decimus	quatorzième	quattordicèsimo	décimocuarto
quintus decimus	quinzième	quindicèsimo	décimoquinto
sextus decimus	seizième	sedicèsimo	décimosexto
septimus decimus	dix-septième	diciassettèsimo	décimoséptimo
duodēvīcēsimus	dix-huitième	diciottèsimo	décimoctavo
ūndēvīcēsimus	dix-neuvième	diciannovèsimo	décimoveno
vīcēsimus	vingtième	ventèsimo	vigésimo
vīcēsimus prīmus	vingt et unième	ventèsimo primo	vigésimo prim(er)o
vīcēsimus secundus	vingt-deuxième	ventèsimo secondo	vigésimo segundo
vīcēsimus tertius	vingt-troisième	ventèsimo terzo	vigésimo tercero
duodētrīcēsimus	vingt-huitième	ventèsimo ottavo	vigésimo octavo
ūndētrīcēsimus	vingt-neuvième	ventèsimo nono	vigésimo no(ve)no
trīcēsimus	trentième	trentèsimo	trigésimo
quadrāgēsimus	quarantième	quarantèsimo	cuadragésimo
quīnquāgēsimus	cinquantième	cinquantèsimo	quincuagésimo
sexāgēsimus	soixantième	sessantèsimo	sexagésimo
septuāgēsimus	soixante-dixième	settantèsimo	septuagésimo
octōgēsimus	quatre-vingtième	ottantèsimo	octogésimo
nōnāgēsimus	quatre-vingt-dixième	novantèsimo	nonagésimo
centēsimus	centième	centèsimo	centésimo
ducentēsimus	deux-centième	ducentèsimo	ducentésimo
trecentēsimus	trois-centième	trecentèsimo	trecentésimo
quadringentēsimus	quatre-centième	quattrocentèsimo	cuadringentésimo
quīngentēsimus	cinq-centième	cinquecentèsimo	quingentésimo
sescentēsimus	six-centième	secentèsimo	sexcentésimo
septingentēsimus	sept-centième	settecentèsimo	septingentésimo
octingentēsimus	huit-centième	ottocentèsimo	octingentésimo
nōngentēsimus	neuf-centième	novecentèsimo	noningentésimo
mīllēsimus	millième	millèsimo	milésimo
bis mīllēsimus	deux-millième	duemillèsimo	dosmilésimo
ter mīllēsimus	trois-millième	tremillèsimo	tresmilésimo

Im Italienischen ist außerdem gebräuchlich:
11. decimoprimo / undècimo; 12. decimosecondo / duodècimo; 13. decimoterzo;
14. decimoquarto; ... 20. vigèsimo; 21. ventunèsimo; 22. ventiduèsimo.

Im Spanischen ist außerdem gebräuchlich:
13. décimotercio; 19. décimonono.

Die Zahlen beziehen sich auf die Wortfamilien.

L a t e i n

ab 1
abdere 190
abdicare 200
abesse 235
abhorrere 349
abicere 354
abire 375
abolere 2
abscondere 190
absens 235
absentia 235
absolutus 771
absolvere 771
absorbere 774
abstinens 831
abstinere 831
absurdus 812
abundantia 875
abundare 875
abuti 883
ac 4
accedere 121
accelerare 124
accendere 97
accentus 98
accessus 121
accidere 86
accipere 100
accommodare 484
accumulare 179
accuratus 184
accurrere 185
accusare 118
accusatio 118
accusator 118
acer 3
acerbus 3
acidus 3
acies 3
acquirere 678
actio 14
activus 14
actor 14
actualis 14
actus 14
acus 3
acutus 3
ad 4
addere 190
adducere 217
adeo 377
adesse 235
adhibere 335

adhuc 343
adicere 354
adimere 229
adipisci 36
adire 375
aditus 375
adiungere 379
adiutare 382
adiuvare 382
administrare 480
administratio 480
admirabilis 481
admirari 481
admiratio 481
admissio 483
admittere 483
admodum 484
admonere 466
adnectere 514
adoptare 558
adorare 560
adoriri 563
adulescens 18
adulescentia 18
adultus 18
advenire 905
adventus 905
adversarius 910
adversum 910
adversus 910
adversus,a,um 910
advertere 910
advocatus 943
aedes 5
aedificare 5
aedificium 5
aedilis 5
aeger/aegre 6
aequalis 7
aequalitas 7
aequare 7
aequor 7
aequus 7
aer 8
aerius 8
aes 9
aestas 10
aestimare 9
aestus 10
aetas 12
aeternitas 12
aeternus 12
aether 11

aevum 12
affectio 240
afferre 257
afficere 240
affigere 266
affirmare 272
affligere 278
ager/agri 13
agere 14
agger 317
aggredi 323
agilis 14
agitare 14
agmen 14
agnoscere 527
agnus 15
agrestis 13
agricola 13
agricultura 13
aio 16
ala 17
alere 18
alienus 20
alimentum 18
aliquando 19
aliquantus 19
aliqui 19
aliquis 19
aliquot 19
aliter 20
alius 20
alligare 422
altaria 18
alter 20
altitudo 18
altus 18
amabilis 21
amare 21
amarus 22
ambitio 375
ambitiosus 375
ambo 23
ambulare 24
amens 466
amicitia 21
amicus 21
amita 25
amittere 483
amnis 26
amor 21
amplus 27
amputare 676
an 28

anceps 104
ancora 29
angulus 30
angustiae 30
angustus 30
anima 31
animadvertere 31
animal 31
animare 31
animus 31
annales 32
annuntiare 538
annus 32
annuus 32
ante 33
antea 33
anteponere 639
antequam 33
antiquitas 33
antiquus 33
anulus 34
anxietas 30
anxius 30
aperire 35
apertus 35
apparatus 579
apparere 581
appellare 599
appetere 610
appetitus 610
applaudere 628
applicare 629
applicatio 629
apportare 645
apprehendere 655
approbare 660
appropinquare 662
aptus 36
apud 36
aqua 37
aquila 38
ara 39
arare 40
arbiter 41
arbitrari 41
arbitrium 41
arbor 42
arcere 43
arcessere 44
architectura 45
architectus 45
arcus 46
ardere 47

essentia 235
et (...et) 236
etenim 506
etiam 236
etiamsi 754
etsi 754
evadere 887
evenire 905
eventus 905
evertere 910
evidens 921
evocare 943
ex 237
exactus 14
exaggerare 317
examen 14
examinare 14
excedere 121
excellens 125
excellere 125
exceptio 100
excipere 100
excitare 141
exclamare 143
excludere 146
excursio 185
excusare 118
exemplum 229
exercere 43
exercitium 43
exercitus 43
exhaurire 339
exhibere 335
exhortari 350
exigere 14
exiguus 14
eximere 229
exire 375
existimare 9
exitium 375
exitus 375
expedire 608
expeditio 608
expeditus 608
expellere 600
expendere 602
expensa 602
experientia 606
experimentum 606
experiri 606
expers 584
expetere 610
explanare 626
explanatio 626
explere 630
explicare 629
explicatio 629
explorare 631

exponere 639
expressio 656
exprimere 656
expugnare 669
exquirere 678
exquisitus 678
exsequi 743
ex(s)ilium 238
ex(s)istentia 790 b
exsistere 790 b
exspectare 779
exspirare 782
exstinguere 794
ex(s)ul 238
exsultare 721
extemplo 825
extendere 829
extensio 829
extentus 829
exter(us) 237
exterior 237
externus 237
extollere 847
extra 237
extrahere 855
extraneus 237
extraordinarius 562
extremitas 237
extremus 237

fabricari 239
fabula 245
facere 240
facies 240
facilis 240
facilitas 240
facinus 240
factio 240
factum 240
facultas 240
fallere 241
falsus 241
fama 245
fames 242
familia 243
familiaris 243
famosus 245
fanum 244
fari 245
farina 246
fas 245
fatalis 245
fateri 245
fatigare 247
fatum 245
fauces 248
favere 249

favor 249
favorabilis 249
fax 250
febris 251
fecundus 252
felicitas 252
felix 252
femina 252
femineus/
  femininus 252
fenestra 254
fere/ferme 255
ferire 256
ferox 259
ferre/ferri 257
ferrum 258
fertilis 257
ferus 259
fessus 247
festinare 260
festus 261
fibra 262
ficus 263
fidelis 264
fidere 264
fides 264
fidus 264
fieri 265
figere 266
figura 270
filia 267
filius 267
filum 268
finalis 271
findere 269
fingere 270
finire 271
finis/fines 271
finitimus 271
firmare 272
firmus 272
flagitium 273
flamma 274
flare 275
flectere 276
flere 277
flexibilis 276
florere 279
flos 279
fluctus 280
fluere 280
flumen 280
fluvius 280
focus 281
foedus,a,um 282
foedus,eris 264
folium 283
fons 284

foras 285
fores 285
foris 285
forma 286
formare 286
formido 287
formula 286
fortasse 257
forte 257
fortis 288
fortuitus 257
fortuna/
  fortunae 257
fortunatus 257
forum 289
fossa 290
fragilis 291
frangere 291
frater 292
fraternus 292
fraus 293
frenum 294
frequens 295
frequentare 295
frequentia 295
frigidus 296
frigus 296
frons,ndis 297
frons,ntis 298
fructus 299
fruges 299
frui 299
frumentum 299
frustra 293
frustrari 293
fuga 300
fugere 300
fugitivus 300
fulmen 301
fumare 302
fumus 302
fundamentum 304
fundare 304
fundere 303
fundus 304
fungi 305
funus 306
furca 307
furia 308
furiosus 308
furor 308
furtivus 257
furtum 257
futurus 235

gaudere 309
gaudium 309

inquietus 683
inquirere 678
insanus 725
inscribere 734
insectum 736
insequi 743
inserere 745
insidiae 738
insigne 757
insignis 757
insistere 790 b
insolens 768
insolentia 768
inspectare 779
inspicere 779
inspirare 782
instare 790
instinctus 794
instituere 790 a
institutio 790 a
institutum 790 a
instructio 801
instruere 801
instrumentum 801
insula 371
insultare 721
integer 818
integritas 818
intellegentia 410
intellegere 410
intendere 829
intentio 829
inter 365
intercessio 121
intercludere 146
interdicere 200
interdum 365
interea 365
interesse 235
interficere 240
interim 365
interior 365
interire 375
intermittere 483
internus 365
interpres 372
interpretari 372
interpretatio 372
interrogare 694
interrumpere 711
intervallum 891
intervenire 905
intestinus 365
intimus 365
intra 365
intrare 365
introducere 217
intueri 864

inutilis 883
invadere 887
invalidus 889
invenire 905
inventio 905
inventor 905
investigare 912
invidere 921
invidia 921
invidiosus 921
invisus 921
invitare 899
invitatio 899
invitus 899
iocari 373
iocus 373
ipse 377
ira 374
iratus 374
ire 375
irregularis 694
irritare 376
is 377
iste 377
ita 377
itaque 377
item 377
iter 375
iterum 377
iubere 378
iucundus 382
iudex 380
iudicare 380
iudicium 380
iugum 379
iungere 379
iunior 383
iurare 380
iurisdictio 380
ius(1) 380
ius(2) 381
ius iurandum 380
iussu 378
iustificare 380
iustitia 380
iustus 380
iuvare 382
iuvenis 383
iuventus 383
iuxta 379

Kalendae 384

labi 385
labor 386
laborare 386

laboriosus 386
labrum 387
lac 388
lacerare 389
lacessere 390
lacrima 391
lacus 392
laedere 393
laetari 394
laetitia 394
laetus 394
lamentari 395
lamentatio 395
lampas 396
lana 397
lancea 398
languidus 399
lapis 400
lapsus 385
largus 401
latere 402
latitudo 404
latro 403
lātus,a,um 404
latus,eris 405
laudare 407
laurus 406
laus 407
lavare 408
laxare 399
lectio 410
lectus 409
legalis 416
legare 416
legatio 416
legatus 416
legere 410
legio 410
legitimus 416
lenis 411
lentus 412
leo 413
letum 414
levare 415
levis 415
lex 416
libenter 419
līber/līberi 417
liber,bri 418
liberalis 417
liberalitas 417
liberare 417
libertas 417
libertus 417
libet 419
libido 419
libra 420
librarius 418

licentia 421
licet 421
ligare 422
lignum 423
lilium 424
limen 425
limes 425
limitare 425
linea 426
lingua 427
linum 429
liquidus 430
lis 431
littera/
   litterae 432
litus 433
localis 434
locare 434
locuples 434
locus/loca 434
longitudo 435
longus/longe 435
loqui 436
lucere 437
lucrum 438
luctari 439
luctus 441
ludere 440
ludus 440
lugere 441
lumen 437
luna 437
lupa 442
lupus 442
lux 437
luxuria 443
luxus 443

macer 444
machina 445
maerere 446
maestus 446
magis 447
magister 447
magistratus 447
magnificentia 447
magnificus 447
magnitudo 447
magnopere 447
magnus 447
maiestas 447
maior/maiores 447
maledicere 448
malignus 448
malitia 448
malitiosus 448
malle 899

proscribere 734
prosequi 743
prospectus 779
prosper(us) 665
prospicere 779
protectio 821
protegere 821
protestari 839
proverbium 908
providentia 921
providere 921
provincia 666
provincialis 666
provisio 921
provocare 943
proximus 662
prudens 921
prudentia 921
publicare 642
publicus/
  publice 642
pudicus 667
pudor 667
puella 668
puer 668
puerilis 668
pueritia 668
pugna 669
pugnare 669
pugnus 669
pulcher 670
pullus 668
pulsare 600
pulsus 600
pulvis 671
puncta 672
punctum 672
pungere 672
punire 634
puppis 673
purgare 675
purpura 674
purus 675
putare 676
puteus 677

qua 684
quaerere 678
quaeso 678
quaestio 678
quaestor 678
quaestus 678
qualis 684
qualitas 684
quam 684
quamquam 684
quamvis 684

quando 684
quantitas 684
quanto...tanto 684
quantum 684
quantus 684
quare 684
quartarius 680
quartus 680
quasi 754
quassare 679
quatere 679
quattuor 680
-que 681
quemadmodum 484
querela 682
queri 682
qui Adv. 684
qui,quae,quod 684
quia 684
quicumque 684
quidam 684
quidem 684
quies 683
quietus 683
quin 684
quin etiam 684
quippe 684
quire 375
quis 684
quisnam 684
quisquam 684
quisque 684
quisquis 684
quivis 684
quo 684
quo...eo 684
quoad 684
quod 684
quodsi 754
quominus 684
quomodo 484
quondam 684
quoniam 684
quoque 684
quotiens 684

rabies 685
radere 686
radius 687
radix 688
ramus 689
rapere 690
rapidus 690
rapina 690
rarus 691
ratio 697
rationabilis 697

ratis 692
rebellare 77
rebellio 77
rebellis 77
recedere 121
recens 693
recipere 100
recitare 141
reclamare 143
recognoscere 527
recolligere 410
reconciliare 155
recordari 160
rectus 694
recuperare 100
recusare 118
reddere 190
redigere 14
redimere 229
redire 375
reditus 375
reducere 217
referre 257
reficere 240
reflectere 276
reformare 286
refugere 300
refugium 300
regalis 694
regere 694
regimen 694
regina 694
regio 694
regius 694
regnare 694
regnum 694
regula 694
regulare 694
regularis 694
reicere 354
relatio 257
relativus 257
relaxare 399
relevare 415
religio 410
religiosus 410
relinquere 428
reliquiae 428
reliquus 428
remanere 452
remedium 461
remittere 483
remotus 494
removere 494
remus 695
renovare 529
renuntiare 538
reparare 579

repellere 600
repente 696
repentinus 696
reperire 582
repetere 610
replicare 629
reportare 645
repraesentare 235
reprehendere 655
reprimere 656
repudiare 667
reputare 676
requirere 678
reri 697
res 698
res adversae 698
res familiaris 698
res gestae 698
res militaris 698
res novae 698
res publica 698
res secundae 698
reservare 750
resignare 757
resistentia 790 b
resistere 790 b
resolvere 771
resonare 773
respicere 779
respirare 782
respondere 786
responsum 786
restare 790
restituere 790 a
resultare 721
resumere 229
retardare 819
retinere 831
retrahere 855
reus 698
revelare 901
revenire 905
reverentia 909
reverti 910
revidere 921
revocare 943
rex 694
ridere 699
ridiculus 699
rigidus 700
rigor 700
ripa 701
risus 699
ritus 702
rivalis 703
rivus 703
robur 704
robustus 704

Die Zahlen beziehen sich auf die Wortfamilien.

Französisch

à 4
abdiquer 200
abhorrer 349
abolir 2
abondance 875
abonder 875
absence 235
absent 235
absolu 771
absorber 774
absoudre 771
abstenir(s') 831
abstinent 831
absurde 812
abuser 883
accéder 121
accélérer 124
accent 98
accepter 100
accès 121
accident 86
accommoder 484
accomplir 630
accourir 185
accumuler 179
accusateur 118
accusation 118
accuser 118
acide 3
acquérir 678
acte 14
acteur 14
actif 14
action 14
actuel 14
addition 190
adjoindre 379
admettre 483
administration 480
administrer 480
admirable 481
admiration 481
admirer 481
admission 483
adolescence 18
adolescent 18
adopter 558
adorer 560
adulte 18
adversaire 910
adverse 910
aérien 8
affection 240
afficher 266

affirmer 272
affliger 278
âge 12
agent 14
agile 14
agir 14
agiter 14
agneau 15
agresseur 323
agricole 13
agriculture 13
aider 382
aigle 38
aigre 3
aigu 3
aiguille 3
aile 17
aimable 21
aimer 21
ainsi 754
air 8
aliment 18
aller 24
allier(s') 422
altitude 18
ambitieux 375
ambition 375
âme 31
amer 22
ami 21
amie 21
amitié 21
amour 21
ample 27
amputer 676
an 32
ancien 33
ancre 29
âne 55
angle 30
angoisse 30
animal 31
animer 31
annales 32
anneau 34
année 32
annexer 514
annoncer 538
annuel 32
antique 33
antiquité 33
anxiété 30
anxieux 30
apaiser 593

apercevoir 100
apparaître 581
appareil 579
appeler 599
appétit 610
applaudir 628
application 629
appliquer 629
apporter 645
apprendre 655
approcher(s') 662
approuver 660
arbitrage 41
arbitre 41
arbre 42
arc 46
architecte 45
architecture 45
ardent 47
ardeur 47
arène 337
argent 50
argument 51
arme 52
armée 52
armer 52
armoire 52
arriver 701
arrogance 694
arrogant 694
art 53
article 54
aspect 779
asseoir(s') 738
assez 727
assigner 757
assis 738
assister 790 b
associer 743
astre 57
athlète 60
atroce 57
atteindre 818
attendre 829
attentif 829
attention 829
attester 839
attitude 335
attraction 855
attribuer 859
avant 33
avare 69
avarice 69
avenir 905

aventure 905
avertir 910
avide 69
avocat 943
avoir 335
audace 69
audacieux 69
augmenter 62
aujourd'hui 201
autel 18
auteur 62
automne 68
autorité 62
autre 20
axe 72

bain 73
barbare 75
barbe 74
beau 81
beauté 81
belliqueux 77
bénéfice 81
bête 78
bibliothèque 80
bien 81
bienveillance 81
boeuf 82
boire 79
bon 81
bras 83
bref 84

cadavre 86
cage 120
caisse 103
calamité 91
calendrier 384
campagne 96
candidat 97
candide 97
capable 100
capital 104
capitale 104
captif 100
captivité 100
car 684
(auto)car 109
carte 134
cas 86
case 111
casser 679

culte 150
cultiver 150
culture 150
cure 184
curieux 184
curiosité 184

dame 212
damner 189
date 190
de 191
décéder 121
décent 192
décevoir 100
décider 88
décision 88
déclaration 144
déclarer 144
décliner 148
décor 192
décorer 192
découvrir 35
décret 131
décrire 734
dédier 200
défendre 253
défense 253
défenseur 253
défier(se) 264
définir 271
définition 271
dégénérer 318
degré 323
dehors 285
déjà 377
délibération 420
délibérer 420
délicat 390
délicieux 390
délit 428
délivrer 417
demain 451
demeurer 490
demi 463
démolir 487
démonstration 466
démontrer 466
dénoncer 538
dense 195
dent 194
dépendre 602
déplaire 622
déplorer 631
déporter 645
déposer 639
dépouiller 785
déprimer 656

dériver 703
descendre 730
description 734
désert 745
déserter 745
désespérer 781
désespoir 781
désigner 757
désir 756
désirer 756
désister 790 b
dessin 757
dessiner 757
destinée 790 c
destiner 790 c
destruction 801
détenir 831
déterminer 835
détester 839
détruire 801
dévaster 895
devenir 905
dévouer 947
dette 335
deux 220
devant 33
deviner 196
devoir 335
dévorer 197
dialogue 199
dictateur 200
dicter 200
dieu 196
différence 257
différent 257
différer 257
difficile 240
difficulté 240
diffuser 303
digérer 317
digne 192
dignité 192
diligence 410
diligent 410
diminuer 480
dire 200
direct 694
directeur 694
direction 694
directrice 694
diriger 694
discerner 131
disciple 100
discipline 100
discorde 160
discours 185
discussion 679
discuter 679

disparaître 581
disperser 777
disposer 639
disposition 639
disputer 676
disque 205
dissimuler 739
dissiper 206
dissoudre 771
distance 790
distant 790
distinct 794
distinguer 794
distribuer 859
divers 910
divin 196
divination 196
diviser 922
division 922
divorce 910
docteur 208
doctrine 208
document 208
doigt 202
domaine 212
dôme 212
domestique 212
domicile 212
domination 212
dominer 212
dommage 189
dompter 211
don 190
donner 190
dormir 214
dos 215
dot 190
double 220
douceur 218
douleur 209
doute 220
douter 220
douteux 220
doux 218
dragon 216
droit 694
duc 217
duel 77
dur 221
durant 221
durer 221

eau 37
échelle 730
école 732
écorce 164
écouter 65

écrire 734
écrit 734
écriture 734
édifice 5
édit 200
édition 190
éducation 217
effet 240
efficace 240
effréné 294
égal 7
égalité 7
élaborer 386
élection 410
élégance 410
élégant 410
élément 226
éléphant 227
élever 415
élire 410
elle 359
éloquence 436
éloquent 436
embrasser 83
émerger 471
émettre 483
émigrer 476
éminent 479
émotion 494
empêchement 608
empêcher 608
empereur 579
empire 579
employer 629
en 365, 377
enfant 245
enflammer 274
enfuir(s') 300
ennemi 21
énorme 525
enquérir(s') 678
ensemble 739
ensuite 743
entendre 829
entier 818
entre 365
entrée 365
entrer 365
énumérer 536
envahir 887
envie 921
envier 921
envieux 921
envoyer 917
épais 783
épice 779
épouse 786
épouser 786

Die Zahlen beziehen sich auf die Wortfamilien.

Englisch

abdicate 200
abhor 349
ability 335
able 335
abolish 2
abound 875
absence 235
absent 235
absolute 771
absolve 771
absorb 774
abstain 831
abstinent 831
absurd 812
abundance 875
abuse 883
accelerate 124
accent 98
accept 100
access 121
accident 86
accommodate 484
accomplish 630
accumulate 179
accurate 184
accusation 118
accuse 118
accuser 118
acid 3
acquire 678
act 14
action 14
active 14
actor 14
actual 14
acute 3
add 190
adjoin 379
administer 480
administration 480
admirable 481
admiration 481
admire 481
admission 483
admit 483
admonish 466
adopt 558
adore 560
adorn 562
adult 18
adventure 905
adversary 910
adverse 910
advertise 910

advocate 943
affection 240
affirm 272
affix 266
afflict 278
age 12
agent 14
aggressor 323
agile 14
agitate 14
agriculture 13
aid 382
air 8
airy 8
alien 20
ally 422
altar 18
altitude 18
ambition 375
ambitious 375
amend 228
amiable 21
ample 27
amputate 676
anchor 29
ancient 33
angle 30
anguish 30
animal 31
animate 31
annals 32
annex 514
announce 538
annual 32
antique 33
antiquity 33
anxiety 30
anxious 30
apparatus 579
appeal 599
appear 581
appease 593
appetite 610
applaud 628
application 629
apply 629
approach 662
approve 660
apt 36
arch 46
architect 45
architecture 45
ardent 47
ardour 47

area 49
arena 337
argue 51
argument 51
arm 52
arms 52
army 52
arrive 701
arrogance 694
arrogant 694
art 53
article 54
ascend 730
aspect 779
ass 55
assent 741
assign 757
assist 790 b
associate 743
astonish 848
at 4
athlete 60
attain 818
attempt 826
attend 829
attention 829
attentive 829
attest 839
attitude 335
attract 855
attraction 855
attribute 859
audacity 69
augment 62
aunt 25
author 62
authority 62
autumn 68
avarice 69
avert 910
axis 72

barbarian 75
bear 257
beard 74
beast 78
beauty 81
because 118
beef 82
blow 275
bottom 304
break 291
brief 84

brother 292

cage 120
calamity 91
calendar 384
camp 96
candid 97
candidate 97
capable 100
capital 104
captive 100
captivity 100
car 109
carbon 105
card 134
case 86, 103
castle 115
catch 100
cause 118
cautious 119
cave 120
cease 121
celebrate 123
celestial 89
cell 122
cellar 122
censure 127
century 128
ceremony 90
certain 131
chain 116
chamber 94
chance 86
chant 98
charity 110
charm 98
chaste 106
chastise 114
cheese 112
chestnut 113
chief 104
chimney 95
chorus 136
circle 140
circuit 375
circumstance 790
circus 140
cite 141
citizen 142
city 142
civil 142
claim 143
clamour 143

difficulty 240
diffuse 303
digest 317
dignity 192
diligence 410
diligent 410
diminish 480
direct 694
direction 694
director 694
directress 694
disappear 581
discern 131
disciple 100
discipline 100
discord 160
discourse 185
discover 35
discuss 679
discussion 679
disk 205
dismiss 483
disperse 777
displease 622
dispose 639
disposition 639
dispute 676
dissent 741
dissipate 206
dissolve 771
distance 790
distant 790
distinct 794
distinguish 794
distribute 859
disturb 866
divers 910
diverse 910
divide 922
divination 196
divine 196
division 922
divorce 910
doctor 208
doctrine 208
document 208
dome 212
domestic 212
domicile 212
dominate 212
domination 212
dominion 212
door 285
double 220
doubt 220
dowry 190
dragon 216
dubious 220

due 335
duel 77
duke 217
during 221
duty 335

eager 3
eagle 38
ear 65
eat 223
edict 200
edifice 5
edition 190
educate 217
education 217
effect 240
efficacious 240
egg 567
elaborate 386
elapse 385
elect 410
election 410
elegance 410
elegant 410
element 226
elephant 227
elevate 415
eloquence 436
eloquent 436
else 20
embrace 83
emerge 471
emigrate 476
eminent 479
emit 483
emotion 494
emperor 579
empire 579
employ 629
enclose 146
enemy 21
engine 318
engineer 318
enjoy 309
enmity 21
enormous 525
ensign 757
ensue 743
enter 365
entire 818
entrance 365
enumerate 536
envious 921
envy 921
equal 7
equality 7
erect 694

err 234
error 234
eruption 711
especially 779
essence 235
essential 235
establish 790
esteem 9
estimate 9
eternal 12
eternity 12
ether 11
evade 887
event 905
evident 921
evoke 943
exact 14
exaggerate 317
examination 14
examine 14
example 229
exceed 121
excel 125
excellent 125
except 100
exception 100
excite 141
exclaim 143
exclude 146
excursion 185
excuse 118
execute 743
exempt 229
exercise 43
exhaust 339
exhibit 335
exhort 350
exile 238
exist 790 b
existence 790 b
exit 375
expect 779
expedition 608
expel 600
expend 602
expense 602
expensive 602
experience 606
experiment 606
expert 606
expire 782
explain 626
explanation 626
explore 631
expose 639
express 656
expression 656
exquisite 678

extend 829
extension 829
extent 829
exterior 237
external 237
extinguish 794
extract 855
extraordinary 562
extreme 237
extremity 237
exult 721
eye 547

fable 245
face 240
facility 240
fact 240
factory 240
faculty 240
fail 241
failure 241
faith 264
false 241
fame 245
familiar 243
family 243
famous 245
fashion 240
fatal 245
fate 245
father 587
fatigue 247
fault 241
favour 249
favourable 249
feast 261
federal 264
feign 270
felicity 252
female 252
feminine 252
ferocious 259
fertile 257
fever 251
few 591
fibre 262
fierce 259
fig 263
figure 270
final 271
fine 271
finish 271
firm 272
fish 619
fix 266
flame 274
flexible 276

just 380
justice 380
justify 380

kitchen 159
knee 315
know 527

laborious 386
labour 386
lake 392
lament 395
lamentation 395
lamp 396
lance 398
language 427
languid 399
lapse 385
large 401
latitude 404
laurel 406
legal 416
legion 410
legitimate 416
lesson 410
letter 432
liberal 417
liberality 417
liberate 417
liberty 417
library 418
licence/
   license 421
light 437
lily 424
limit 425
line 426
linen 429
lion 413
lip 387
liquid 430
literature 432
local 434
locate 434
long 435
longitude 435
loyal 416
luxury 443

machine 445
madam 212
magistrate 447
magnificence 447
magnificent 447
magnitude 447

majesty 447
major 447
male 457
malice 448
malicious 448
malignant 448
mam(m)a 449
manage 453
mandate 453
manifest 453
manner 453
mansion 452
marble 456
marine 454
maritime 454
market 469
marriage 455
marry 455
masculine 457
master 447
material 458
maternal 458
matrimony 458
matron 458
matter 458
mature 459
maturity 459
mayor 447
maximum 447
me 225
meagre 444
measure 474
medicament 461
medicine 461
meditate 462
member 465
memorable 467
memory 467
menace 479
mend 228
mention 466
merchant 469
mercy 469
mere 472
merit 470
metal 473
mid(dle) 463
midnight 530
migrate 476
mile 478
military 477
militia 477
mill 486
mind 466
minimum 480
minister 480
ministry 480
minor 480

minute 480
miracle 481
miserable 446
misery 446
mission 483
mix 482
mode 484
model 484
moderate 484
moderation 484
modest 484
modesty 484
mole 487
molest 487
moment 494
money 489
monster 466
month 468
monument 466
moral 493
mortal 492
mother 458
motion 494
motor 494
mount 479
mountain 479
mouse 501
move 494
movement 494
multiply 497
multitude 497
municipal 500
munition(s) 485
muscle 501
music 502
musician 502
mute 504
mutual 503
my 225
mysterious 505
mystery 505

nail 876
naked 533
name 524
nation 508
native 508
natural 508
nature 508
naval 510
navigate 510
navigation 510
neat 522
necessary 121
necessity 121
neglect 410
negligence 410

negotiate 566
negro 520
nephew 516
nerve 517
nervous 517
new 529
news 529
nice 733
niece 516
night 530
no 877
nobility 527
noble 527
nocturnal 530
nominate 524
normal 525
nose 509
note 528
notice 527
notion 527
nourish 540
now 534
number 536
numerous 536
nuptials 531
nurse 540
nut 541

obey 61
object 354
objection 354
oblige 422
oblique 543
oblivion 544
obscure 545
obscurity 545
observation 750
observe 750
obstacle 790
obstinate 790 c
obstruct 801
obtain 831
obvious 917
occasion 86
occident 86
occupation 100
occupy 100
occur 185
ocean 546
odious 548
odour 549
offence 253
offend 253
offer 257
office 559
officer 559
official 559

quality 684
quantity 684
quarrel 682
quarter 680
question 678
quiet 683

radish 688
rage 685
rapid 690
rare 691
rate 697
ration 697
ray 687
real 698
reality 698
realize 698
reason 697
reasonable 697
rebel 77
rebellion 77
recede 121
receive 100
recent 693
recite 141
reclaim 143
recognize 527
recommend 453
reconcile 155
record 160
recover 100
red 707
redeem 229
reduce 217
refer 257
reflect 276
reform 286
refuge 300
regiment 694
region 694
regular 694
regulate 694
reign 694
reject 354
relate 257
relation 257
relative 257
relax 399
release 399
relic 428
relieve 415
religion 410
religious 410
relinquish 428
remain 452
remedy 461
remember 467

remit 483
remote 494
remove 494
render 190
renew 529
renounce 538
repair 579
repeat 610
repel 600
reply 629
report 645
represent 235
repress 656
republic 698
repulse 600
request 678
require 678
reserve 750
resign 757
resist 790 b
resistance 790 b
resolve 771
resound 773
respect 779
respond 786
response 786
rest 790
result 721
resume 229
retain 831
retard 819
retreat 855
reveal 901
revenge 928
reverence 909
review 921
revoke 943
ridiculous 699
right 694
rigid 700
rigo(u)r 700
rite 702
rival 703
river 701
robust 704
rose 705
round 706
row 695
royal 694
rude 708
ruin 709
rule 694
rumo(u)r 710
rural 712
rustic 712

sack 713
sacrament 714
sacred 714
sacrifice 714
saddle 738
safe 723
sagacious 718
sage 726
saint 714
salary 720
salt 720
salutary 723
salute 723
same 739
sample 229
sanction 714
sane 725
sanity 725
satire 727
satisfaction 727
satisfy 727
save 723
savour 726
saw 736
scale 730
scene 729
school 732
science 733
script 734
scripture 734
sculptor 735
sculpture 735
seal 757
season 746
seat 738
second 743
secret 131
secure 184
security 184
seed 746
senate 740
senator 740
senile 740
senior 740
sense 741
sentence 741
separate 579
sepulchre 742
serene 744
series 745
serious 747
sermon 745
serpent 748
servant 751
serve 751
service 751
servile 751
servitude 751

session 738
sever 579
severe 752
severity 752
sex 753
short 186
sign 757
signification 757
signify 757
silence 758
silent 758
similar 739
simple 739
simplicity 739
simulate 739
sincere 760
single 739
singular 739
sinister 763
sister 776
sit(down) 738
site 762
situated 762
situation 762
snow 523
sober 222
social 743
society 743
soil 769
sole 770
solemn 32
solicit 141
solid 723
solitude 770
solve 771
sordid 775
sort 745
sound 725, 773
source 694
sow 746
space 778
spacious 778
special 779
species 779
spectacle 779
spectator 779
spend 602
spice 779
spirit 782
splendid 784
splendour 784
spoil(s) 785
spouse 786
stable 790
stadium 788
stall 790
stand 790
star 791

wind 907	yard 351	you 863	zone 951
wine 929	yesterday 342	young 383	
word 908	yoke 379	youth 383	

Die Zahlen beziehen sich auf die Wortfamilien.

I t a l i e n i s c h

a 4
abbondanza 875
abbondare 875
abbracciare 83
abdicare 200
àbile 335
abilità 335
abitare 335
àbito 335
abitùdine 335
abolire 2
aborrire 349
abusare 883
accèdere 121
accelerare 124
accèndere 97
accento 98
accesso 121
accettare 100
accidente 86
accomodarsi 484
accòrrere 185
accumulare 179
accurato 184
accusa 118
accusare 118
accusatore 118
acerbo 3
àcido 3
acqua 37
acquistare 678
acuto 3
addizione 190
adirato 375
adolescente 18
adolescenza 18
adorare 560
adottare 558
adulto 18
aèreo 8
affermare 272
affezione 240
affìgere 266
afflìgere 278
agente 14
aggiùngere 379
aggressore 323
àgile 14
agire 14
agitare 14
agnello 15
ago 3
agricoltura 13

agro 3
aiutare 382
ala 17
àlbero 42
alimento 18
alloro 406
altare 18
altezza 18
altitùdine 18
alto 18
altro 20
amàbile 21
amare 21
amaro 22
ambedue 23
ambizione 375
ambizioso 375
amèttere 483
amica 21
amicizia 21
amico 21
ammèttere 483
amministrare 480
amministrazione 480
ammirare 481
ammirazione 481
ammirèvole 481
ammissione 483
ammonire 466
amore 21
ampio 27
amputare 676
àncora 29
andare 24
anello 34
àngolo 30
angustia 30
ànima 31
animale 31
animare 31
ànimo 31
annali 32
annèttere 514
anno 32
annuale 32
annunciare 538
ansietà 30
antichità 33
antico 33
aperto 35
apparecchio 579
apparire 581
appellarsi 599

appetito 610
applaudire 628
applicare 629
applicazione 629
apprèndere 655
approvare 660
aprire 35
àquila 38
arare 40
arbitraggio 41
àrbitro 41
architetto 45
architettura 45
arco 46
ardente 47
ardore 47
àrea 49
arena 337
argento 50
argomento 51
aria 8
arma 52
armadio 52
armare 52
arrivare 701
arrogante 694
arroganza 694
arrossire 707
arte 53
artìcolo 54
ascèndere 730
ascoltare 65
àsino 55
aspettare 779
aspetto 779
aspro 56
assai 727
asse 72
assegnare 757
assente 235
assenza 235
assìstere 790 b
associare 743
assoluto 771
assòlvere 771
assorbire 774
assurdo 812
astenersi 831
astinente 831
astro 57
atleta 60
atroce 59
attèndere 829

attento 829
attenzione 829
attestare 839
attivo 14
atto 14, 36
attore 14
attrazione 855
attribuire 859
attuale 14
audace 69
audacia 69
aumentare 62
ausilio 62
autore 62
autorità 62
autunno 68
avarizia 69
avaro 69
avere 335
àvido 69
avvenire 905
avventura 905
avversario 910
avverso 910
avvertire 910
avvocato 943
azione 14

bagno 73
barba 74
bàrbaro 75
beato 76
bellezza 81
bellicoso 77
bello 81
bene 81
beneficio 81
benevolenza 81
bere 79
bestia 78
biblioteca 80
braccio 83
breve 84
bue 82
buono 81

cacciare 100
cadàvere 86
cadere 86
cagna 99
calamità 91

enorme 525
entrare 365
entrata 365
entro 365
enumerare 536
erba 340
erede 341
eredità 341
erìgere 694
errare 234
errore 234
eruzione 711
esagerare 317
esame 14
esaminare 14
esatto 14
esaurire 339
esclamare 143
esclùdere 146
escursione 185
eseguire 743
esempio 229
esercitare 43
esèrcito 43
esercizio 43
esìgere 14
esilio 238
esìmere 229
esistenza 790 b
esìstere 790 b
esitare 336
èsito 375
esortare 350
espèllere 600
esperienza 606
esperimento 606
esperto 606
espirare 782
esplorare 631
esporre 639
espressione 656
esprìmere 656
essenza 235
essenziale 235
essere 235
estate 10
estèndere 829
estensione 829
esteriore 237
esterno 237
èstero 237
esteso 829
estìnguere 794
estrarre 855
estremità 237
estremo 237
èsule 238
esultare 721

età 12
ètere 11
eternità 12
eterno 12
evàdere 887
evento 905
evidente 921
evitare 936
evocare 943

fabbricare 239
faccia 240
fàcile 240
facilità 240
facoltà 240
fallire 241
falso 241
fama 245
fame 242
famiglia 243
fami(g)liare 243
famoso 245
fare 240
farina 246
fatale 245
faticare 247
fato 245
fatto 240
fauci 248
fàvola 245
favore 249
favorévole 249
favorire 249
febbre 251
fecondo 252
fede 264
fedele 264
federale 264
felice 252
felicità 252
fémmina 252
femminile 252
féndere 269
ferire 256
fermo 272
feroce 259
ferro 258
fèrtile 257
festa 261
fiamma 274
fibra 262
fico 263
fidarsi 264
fiero 259
figlia 267
figlio 267
figura 270

filo 268
filosofìa 611
filòsofo 611
finale 271
fine 271
finestra 254
fingere 270
finire 271
fiore 279
fiorire 279
fìsica 612
fìsico 612
fissare 266
fiume 280
flessìbile 276
fluire 280
flusso 280
foglia 283
fondamento 304
fondare 304
fóndere 303
fondo 304
fonte 284
forchetta 307
foresta 285
forma 286
formare 286
formidàbile 287
fòrmula 286
forte 288
fortùito 257
fortuna 257
fortunato 257
forza 288
fosso 290
fràgile 291
fratello 292
fraterno 292
frazione 291
freddo 296
freno 294
frequentare 295
frequente 295
frequenza 295
frode 293
fronte 298
frustrare 293
frutta 299
frutto 299
fuga 300
fuggire 300
fuggitivo 300
fùlmine 301
fumare 302
fumo 302
funerale 306
funzione 305
fuoco 281

fuori 285
furia 308
furioso 308
furore 308
furtivo 257
futuro 235

gelo 310
gemelli 312
gèmere 311
gemma 313
generale 318
gènere 318
gènero 314
generoso 318
genio 318
gente 318
gentile 318
geometrìa 316
gesto 317
gettare 354
ghiaccio 310
già 377
giacere 354
giardino 351
giglio 424
ginocchio 315
giocare 373
gioco 373
giogo 379
gioia 309
giornale 201
giorno 201
gióvane 383
gioventù 383
giovinezza 383
giudicare 380
giùdice 380
giudizio 380
giùngere 379
giuocare 373
giuoco 373
giuramento 380
giurare 380
giurisdizione 380
giustificare 380
giustizia 380
giusto 380
globo 320
gloria 321
gloriarsi 321
glorioso 321
goccia 334
godere 309
gola 331
gonfiare 275
governare 330

presidente 738
presidio 738
presièdere 738
pressione 656
prestare 790
pretèndere 829
pretesto 840
prevalere 889
prevedere 921
prevenire 905
prezioso 657
prezzo 657
prigione 655
prima 658
primo 658
principale 658
prìncipe 658
principio 658
privare 659
privato 659
privilegio 416
pròe contro 660
probàbile 660
probo 660
procèdere 121
procurare 184
prodigio 16
produrre 217
produzione 217
profano 244
professare 245
professione 245
profitto 240
profondo 304
progetto 354
progresso 323
proibire 335
prolungare 435
promessa 483
promèttere 483
promontorio 479
promuòvere 494
pronto 229
pronunciare 538
propagare 570
proporre 639
propòsito 639
proprietà 664
proprio 664
prosa 910
proscrìvere 734
proseguire 743
pròspero 665
prospetto 779
pròssimo 662
protèggere 821
protestare 839
protezione 821

prova 660
provare 660
proverbio 908
provincia 666
provinciale 666
provocare 943
provvedere 921
provvidenza 921
provvigione 921
prudente 921
prudenza 921
pubblicare 642
pùbblico 642
pudibondo 667
pudore 667
puerile 668
pugno 669
pulire 636
pulito 636
pùngere 672
punire 634
punta 672
punto 672
puro 675

quale 684
qualità 684
quando 684
quantità 684
quanto 684
quartiere 680
quarto 680
quattro 680
querela 682
questione 678
quiete 683
quieto 683
quotidiano 201

rabbia 685
raccògliere 410
raccomandare 453
raccontare 676
ràdere 686
radice 688
raggio 687
ragione 697
ragionévole 697
rama 689
ramo 689
ràpido 690
rapina 690
rapire 690
rappresentare 235
raro 691
rassegnarsi 757

razione 697
re 694
reale 698
realizzare 698
realtà 698
recente 693
recitare 141
reclamare 143
redìgere 14
redìmere 229
re(g)ale 694
reggimento 694
regime 694
regina 694
regione 694
regnare 694
regno 694
règola 694
regolare 694
relativo 257
relazione 257
religione 410
religioso 410
reliquia 428
remo 695
remoto 494
rèndere 190
repèllere 600
repente (di) 696
repentino 696
replicare 629
reprìmere 656
repùbblica 698
resistenza 790 b
resìstere 790 b
respirare 782
restare 790
restituire 790 a
resultato 721
retto 694
revocare 943
riassùmere 229
ricévere 100
riconciliare 155
riconóscere 527
ricordare 160
ricuperare 100
ribellarsi 77
ribelle 77
ribellione 77
rìdere 699
ridìcolo 699
ridurre 217
riempire 630
riferire 257
riferirsi 257
riflèttere 276
riformare 286

rifugiarsi 300
rifugio 300
rigettare 354
rìgido 700
rigore 700
rilevare 415
rimanere 452
rimedio 461
rimèttere 483
rinnovare 529
rinunciare 538
riparare 579
ripètere 610
riportare 645
riprèndere 655
riservare 750
riso 699
risòlvere 771
risonare 773
rispettare 779
rispetto 779
rispòndere 786
risposta 786
risultare 721
ritardare 819
ritenere 831
rito 702
ritornare 850
riva 701
rivale 703
rivedere 921
rivelare 901
rivenire 905
riverenza 909
robusto 704
rómpere 711
rosa 705
rosso 707
rossore 707
rotondo 706
rovina 709
rovinare 709
rude 708
rumore 710
ruota 706
rurale 712
rústico 712

sacco 713
sacerdote 714
sacramento 714
sacrificare 714
sacrificio 714
sacro 714
sagace 718
saggio 726
salario 720

superbo 810
superficie 240
superiore 810
superstizione 790
superstizioso 790
supplemento 630
supplicare 811
supplicazione 811
supplichévole 811
supplire 630
supporre 639
supremo 810
suscitare 141
susseguire 743
sussìstere 790 b

tacere 815
tàcito 815
tale 817
talento 816
tanto 817
tardare 819
tardi 819
taverna 813
tàvola 814
te 863
teatro 841
tela 840
temerario 824
temere 844
temerità 824
temperanza 827
temperare 827
tempesta 827
tempia 828
tempio 825
tempo 827
tenda 829
tendenza 829
tèndere 829
tènebre 824
tenere 831
tènero 830
tentare 826
tènue 832
terminare 835
tèrmine 835
terra 836
terreno 836
terrestre 836
terrìbile 837
terrore 837
terzo 859
tesoro 842
tèssere 840
tessuto 840
testa 838

testamento 839
testimone 839
testimonianza 839
testo 840
tetto 821
ti 863
tigre 843
timidezza 844
tìmido 844
timore 844
tìngere 845
tiranno 869
tìtulo 846
tolleràbile 847
tollerare 847
tonare 848
tòrcere 851
tornare 850
toro 820
torre 868
torrente 852
torto 851
tortura 851
tosare 848
totale 853
tradire 190
tradizione 190
tradurre 217
tragedia 854
tràgico 854
tranquillità 683
tranquillo 683
trànsito 375
trasferire 257
trasformare 286
trasgredire 323
trasméttere 483
trasportare 645
trattamento 855
trattare 855
trattato 855
tratto 855
tre 859
tremare 857
tribù 859
tribunale 859
tributo 859
trionfare 861
trionfo 861
trìplice 859
triste 860
tristezza 860
tronco 862
trovare 866
tu 863
tumore 865
tùmulo 865
tumulto 865

tuo 863
tuono 848
turba 866
turbare 866
turbolento 866
tutela 864
tutore 864
tutto 853

uccello 70
uccìdere 88
udire 61
ufficiale 559
ufficio 559
ùltimo 359
umanità 346
umano 346
ùmido 874
ùmile 353
umiltà 353
umore 874
unghia 876
ùnico 877
unione 877
unità 877
universale 877
università 877
universo 877
un(o) 877
uomo 346
uovo 567
urbano 878
urgente 880
urna 881
usare 883
uscire 375
uso 883
usuale 883
usurpare 690
ùtile 883
utilità 883

vacanze 885
vacca 886
vàcuo 885
vado 887
vago 888
valere 889
vàlido 889
valle 890
valore 889
vanità 885
vano 885
vapore 892
variare 893
varietà 893

vario 893
vaso 894
vasto 895
vecchio 915
vedere 921
védova 922
védovo 922
veemente 898
vegliare 923
veìcolo 898
vela 901
velare 901
veleno 904
velo 901
veloce 900
velocità 900
vena 902
véndere 903
vendicare 928
venire 905
vento 907
ventre 906
verbo 908
verde 933
verga 931
vèrgine 932
vergogna 909
verità 911
vero 911
versare 910
verso 910
vèrtice 910
vessare 916
veste 913
vestire 913
vestito 913
veterano 915
vetro 939
vettura 898
via 917
viaggio 917
vicino 920
vietare 914
vigilare 923
vigilia 923
vigna 929
vigore 923
vile 924
villa 925
villaggio 925
vìncere 926
vincitore 926
vìncolo 927
vino 929
violare 934
violento 934
violenza 934
virile 930

Die Zahlen beziehen sich auf die Wortfamilien.

Spanisch

c(u)alidad 684
cuando, cuándo 684
c(u)antidad 684
cuánto 684
cuartel 680
cuarto 680
cuatro 680
cubrir 35
cuchillo 175
cuello 151
cuerda 135
cuerno 161
cuerpo 163
cuestión 678
cuidar 14
culpa 174
culpable 174
cultivar 150
culto 150
cultura 150
cumplir 630
cuña 182
cura 184
curar 184
curiosidad 184
curioso 184
curso 185
curvo 187

dañar 189
daño 189
dar 190
de 191
deber 335
decente 192
decidir 88
decir 200
decisión 88
declaración 144
declarar 144
declinar 148
decorar 192
decoroso 192
decreto 131
dedicar 200
dedo 202
defender 253
defensa 253
defensor 253
definición 271
definir 271
degenerar 318
dejar 399
deliberación 420
deliberar 420
delicado 390
delicioso 390

delito 428
demoler 487
demorar 490
demostración 466
demostrar 466
denso 195
denunciar 538
depender 602
deplorar 631
deponer 639
deportar 645
depositar 639
deprimir 656
derecho 694
derivar 703
desaparecer 581
descender 730
desconfiar 264
desconocido 527
describir 734
descripción 734
descubrir 35
desear 756
desemejante 739
desenfrenado 294
deseo 756
desertar 745
desesperación 781
desesperar 781
desierto 745
designar 757
desistir 790 b
desnudo 533
desplacer 622
despojar 785
despojo 785
destinar 790 c
destino 790 c
destrucción 801
destruir 801
detener 831
determinar 835
detestar 839
deuda 335
devastar 895
devorar 197
día 201
diálogo 199
dictador 200
dictar 200
diente 194
diferencia 257
diferente 257
diferir 257
difícil 240
dificultad 240
difundir 303
digerir 317

dignidad 192
digno 192
diligencia 410
diligente 410
dimitir 483
Dios, dios 196
dirección 694
directo 694
director 694
directriz 694
dirigir 694
discernir 131
disciplina 100
discípulo 100
disco 205
discordia 160
discurso 185
discusión 679
discutir 679
diseñar 757
diseño 757
disimular 739
disipar 206
disminuir 480
disolver 771
dispersar 777
disponer 639
disposición 639
disputar 676
distancia 790
distante 790
distinguir 794
distinto 794
distribuir 859
diversos 910
dividir 922
divino 196
división 922
divorcio 910
doble 220
docto 208
doctor 208
doctrina 208
documento 208
doler 209
dolor 209
domar 211
domicilio 212
dominación 212
dominar 212
dominio 212
don 190, 212
donar 190
doña 212
dormir 214
dos 220
dote 190
dragón 216

duda 220
dudar 220
dudoso 220
duelo 77
dueño 212
dulce 218
duque 217
durante 221
durar 221
duro 221

e 236
echar 354
edad 12
edición 190
edicto 200
edificar 5
edificio 5
educación 217
educar 217
efecto 240
eficaz 240
eje 72
ejecutar 743
ejemplo 229
ejercer 43
ejercicio 43
ejército 43
el, él 359
elaborar 386
elección 410
elefante 227
elegancia 410
elegante 410
elegir 410
elemento 226
elevar 415
ella, ello 359
elocuencia 436
elocuente 436
emerger 471
emigrar 476
eminente 479
emitir 483
emoción 494
emperador 579
emplear 629
en 365
encender 97
encorvar 187
enemigo 21
enemistad 21
enfermedad 272
enfermo 272
enorme 525
entender 829
entero 818

gloria 321
gloriarse 321
glorioso 321
goberna 330
gobierno 330
gota 334
gozar 309
gozo 309
gracia 327
gracias 327
gracioso 327
grado 323
gramática 324
gran(de) 325
granero 326
grano 326
graso 166
grato 327
grave 328
gravedad 328
gustar 333
gusto 333

haber 335
hábil 335
habilidad 335
habitar 335
hábito 335
habitud 335
hacer 240
hado 245
hambre 242
harina 246
hecho 240
hembra 252
hender 269
heredero 341
herencia 341
herir 256
hielo 310
hierba 340
hierro 258
higo 263
hija 267
hijo 267
hilo 268
historia 345
hoja 283
hombre 346
honestidad 347
honesto 347
honor 347
honrar 347
hora 348
horca 307
horrible 349
horror 349

hospital 352
hostil 352
hotel 352
hoy 201
huerto 351
hueso 565
huésped 352
huevo 567
huir 300
humidad 346
humano 346
húmedo 874
humildad 353
humilde 353
humo 302
humor 874

identidad 377
idóneo 356
ignorar 322
igual 7
igualdad 7
iluminar 437
ilustrar 437
ilustre 437
imagen 360
imaginación 360
imaginar 360
imbécil 361
imitación 360
imitar 360
immenso 474
impaciente 589
impar 578
impedimento 608
impedir 608
imperio 579
ímpetu 610
impío 620
implicar 629
implorar 631
imponer 639
importante 645
importar 645
imposible 649
impresión 656
imprimir 656
impudencia 667
impudente 667
impulso 600
incapaz 100
incendio 97
incidente 86
incierto 131
incitar 141
inclinar 148
incluir 146

incómodo 484
increíble 168
independiente 602
indicar 200
índice 200
indicio 200
indignación 192
indignarse 192
indigno 192
individuo 922
inducir 217
indulgente 367
industria 801
infame 245
infamia 245
inferior 368
infernal 368
infinito 271
inflamar 274
inflar 275
influencia 280
información 286
informar 286
ingeniero 318
ingenio 318
ingenioso 318
ingrato 327
inhumano 346
injuria 380
injusticia 380
injusto 380
inmortal 492
inmóvil 494
innato 508
innumerable 536
inocencia 518
inocente 518
inopinado 554
inquieto 683
inquietud 683
insano 725
inscribir 734
insecto 736
insertar 745
insigne 757
insignia 757
insistir 790 b
insolencia 768
insolente 768
inspección 779
inspirar 782
instante 790
instinto 794
institución 790 a
instituto 790 a
instrucción 801
instruir 801
instrumento 801

insultar 721
integridad 818
inteligencia 410
inteligente 410
intención 829
intercesión 121
interés 235
interesar 235
interior 365
interno 365
interpretación 372
interpretar 372
intérprete 372
interrogar 694
interrumpir 711
intervalo 891
intervenir 905
íntimo 365
introducir 217
inútil 883
invadir 887
inválido 889
inventar 905
invento 905
inventor 905
investigar 912
invierno 344
invitación 899
invitar 899
inyectar 354
ir 375
ira 374
irregular 694
irritar 376
isla 371
itinerario 375

jardin 351
jefe 104
joven 383
joya 309
juego 373
juez 380
jugar 373
juicio 380
juntar 379
juramento 380
jurar 380
jurisdicción 380
justicia 380
justificar 380
justo 380
juventud 383
juzgar 380